謎樣吳爾芙

林孜郁
Allison Lin
著

誌謝

本書的誕生，要感謝好友余佳玲，以及秀威的總經理宋政坤先生、編輯林泰宏先生與黃姣潔小姐。如果沒有他們的鼓勵，兩年前，我始終還是無法動筆。

我也想要感謝好友邱靖絨、陳孟飛，以及遠在北京的孫繼成，在我這漫長的寫作過程當中，他們都不斷的給予支持與鼓勵。好友兼同事，陳韋慈（Ms. Sibel Chen），還有Kyriaki Asiatidou，都為我的學術以及日常生活方面，帶來了源源不絕的歡樂與靈感。更要感謝Dr. Ali Tolga Bozdana（包斯坦）的鼓勵。

引文以及書目，請參見我的英文版原著，*Virginia Woolf and the European Avant-Garde: London, Painting, Film and Photography*，於二〇〇九年臺北秀威出版社初版，伊伯拉罕・歐茲達瑪教授（Professor İbrahim Özdemir）英文版的《魯米和孔子：給新世紀的備忘錄》（*Jaluddin Rumi and Confucious: Messages for a New Century*），以及老子《道德經》的英譯本（*translated by D. C. Lau, Penguin Classics, published in 1963*）。

林致郁

書於University of Gaziantep

二〇一二，土耳其

目次

誌謝／林孜郁 3

〈I〉楔子：謎樣吳爾芙 7

吳爾芙和視覺藝術 9

吳爾芙和她的倫敦 24

〈II〉觀看 29

吳爾芙的視覺性 31

吳爾芙與「後印象主義」 37

吳爾芙與藝術形式 49

吳爾芙的「二元目光」與都市空間 64

〈Ⅲ〉寫作中的畫家之眼 73
吳爾芙與亨利・詹姆斯 75
吳爾芙的《日與夜》 82
〈Ⅳ〉時空之中的電影形式 87
《達洛維夫人》、柏格森與德勒茲 89
吳爾芙與〈電影〉 95
〈Ⅴ〉寫作中的攝影術 107
攝影以及女性形像 109
相片與回憶 113
〈Ⅵ〉孔子、魯米、老子與吳爾芙的人文思考：
與歐茲達瑪的對話 121

〈I〉楔子：謎様吳爾芙

吳爾芙和視覺藝術

我的研究重點主要是在於，觀察吳爾芙作品中，視覺藝術與文字之間的關係。我想，以倫敦這座城市作為我研究的中心點。以此，我能看出吳爾芙的寫作技巧，串連文學、哲學與藝術的底蘊。本書企圖將吳爾芙的作品置放於現代主義的時空之中。

藉由吳爾芙對眾多文類的回應，比方說哲學、視覺藝術及評論，可以得知吳爾芙有著屬於她自己一套觀看倫敦的方式。我想，吳爾芙的這一套觀看倫敦的方式將這性別化的凝視，當作是吳爾芙特別的觀看倫敦的方式。以此研究主題，吳爾芙的寫作更得以結合城市空間與視覺藝術。

「雌雄同體」（androgyny）對吳爾芙而言是個解脫。它解決了所謂「二元對立」的問題，例如男性與女性、傳統與創新、裏與外、家園以及在外、文字與藝術。對我而言，吳爾芙的作品超脫了男性與女性生理上的對立，利用「雌雄同體」的概念，將各類文體融合（例如，詩、戲劇、散文以及小說），再加上視覺藝術的形式（例如，繪畫、電影以及攝影）。如此一來，吳爾芙更進一步，為她的敘事風格創造了嶄新的形式。

評論家們通常以性別、精神分析以及語言的使用，這三個層面，來討論吳爾芙寫作中「雌雄同體」的概念。其中，我認為，莫以（Toril Moi）和修瓦特（Elaine Showalter）兩位評論家，各自代表了二種不同方式，來分析吳爾芙的作品。

例如，修瓦特在《她們的文學》（*A Literature of Their Own*）一書中談到，吳爾芙的「雌雄同體」並未真正全面的表現女性經驗。因為，吳爾芙的作品只是一種手段，用來逃避作為一個女性，在男權社會中，所遭遇到的麻煩。吳爾芙的自殺對修瓦特而言，正表現了這「雌雄同體」情感烏托邦的失落。一個人的「房間」之所以是個安全的居所，因為女性可以在其中表現她的憤怒、反抗以及情慾。在這個牢籠中，吳爾芙她自己就是那「家中天使」，而那「房間」，正是她的墳墓。

由修瓦特的評論中，讀者們不難看出，她字裏行間透露出對吳爾芙的不耐煩。但是，在另一方面，莫以循著後解構主義的文學評論方式，將作者及其作品分開來看待以及研讀。例如，羅蘭・巴特提出的作者已死，但作品猶生。其中，如果我們以巴特的概念來理解，吳爾芙的作品被莫以視為運用語言，來解構男權社會的「二元對立」之最佳典範。端看吳爾芙如何運用語言來解構父權迷思，顛覆既有男女之二元對立。因此，莫以視她為女性作家中的天才。

其他眾多的評論家，也由女性主義以及現代主義的論述，來加以研讀吳爾芙的作品。舉個例子來說，我認為，米勞—品克尼（Makiko Minow-Pinkney）將修瓦特及莫以的看法綜合起來，為的是在現代主義的論述框架之下，重新定義吳爾芙的「雌雄同體之心」（androgynous mind）。在現代主義之中，它成為一種象徵性的說法。

藉由重新審視敵我不分的烏托邦想像，米勞—品克尼也拒絕將作家以及其作品視為同一物。拉岡理論中，鏡像期的「錯視」，以及後來女性主義者——尤其是克麗絲提娃（Julia Kristeva）以及伊莉嘉蕾（Lucy Irigaray）對其理論的反思，都可見吳爾芙的「雌雄同體」如何成為「男權」及「他者」的平衡點。「雌雄同體」的概念，它其實也可以算是一個反撲的力量，挑戰著既有的「雄」性與「雌」性符號，以及「整個已成定局的性別」。

在〈1928-31：雌雄同體與小說的盡頭〉這一篇文章當中，約翰・梅紛（John Mepham）解釋道，吳爾芙的「雌雄同體」概念，可以被視為是她的「現代主義宣言」。吳爾芙的作品可以說是一連串的「反小說」（anti-novels）。

因為，吳爾芙的寫作之中包括了混雜的文學體例，更可以說是集各項文類之大成。舉個簡單的例子來說，讀者們便能更加明白，《燈塔行》（*To the Lighthouse*）可視為一首「田園輓歌」（elegy），《奧蘭多》（*Orlando*）也能夠被看作是一部所謂的「反傳記」（anti-biography）。《浪花》（*The Waves*）這一部作品，則被視是為一首「閉著眼睛寫著玩的詩」（the eyeless playpoem）。更有甚者，《歲歲年年》（*The Years*，原名為*The Pargiters*），則是一大長篇「散文小說」（essay-novel）。

而一九二九年出版問世的《一個人的房間》（*A Room of One's Own*）更是一部非小說，是由一連串的歷史事件、帶有女性主義色彩的文學理論，並與虛構人物（如莎士比亞的妹妹，Shakespear's sister）所構成的講稿。在她戲謔的文風中，吳爾芙也以此演繹了她超越傳統文學形式的文風。

現代主義，為快速變遷的社會環境，提供了新的藝術表現形式。新的藝術表現形式進一步而言，亦體現了各種多樣不同的觀看方式。早在一九〇六年，義大利的未來派先驅們（Italian Futurists）使用「前衛」（avant-garde）一詞，來表現他們眼之所見，以及心之所感的「現在」。「未來派」一詞——事實上所代表的，乃是一種藝術形式，其用來表現藝術家眼見的「現在」。因此，藝術家們的「現在」，順理成章的，成為了「未來」的具體預言。

一如英國評論家瑞蒙・威廉斯（Raymond Williams）表示，前衛藝術家們，早已在他們的作品之中，預見了未來。那些許多用來代表「未來」的眾多影像，其實是由一連串的「現在」所構成。這其中，藝術家們用來探討「未來」的面向，包括了城市、機械化進程、速度、時間與空間。

然而，現代主義的創造力並不只限於外在律動的捕捉，例如機械化、城市與速度。時間與空間的概念，總體而言，也可說是它的精髓。「時空」的概念，在現代主義的驅使之下，進而變成了一種內在的感知——就如同思想以及情緒能夠藉由語言、色彩、形狀以及符號來表達一般。觀者們在城市中所體驗到的「時空」，乃是一種內在與外在的綜合。

然而，現代主義的表現形式，意即體現了此種多元的觀看面向、感知與思考方式。過去、現在和未來的概念，可以更進一步的，在同一個時空中被體驗。正如同，觀者能夠體會出，在一幅立體派（Cubism）的畫作當中，時間的流逝，亦可同時由不同的觀看角度，顯現在於同一個空間之中（意即，同一個畫布上）。

這種「非直線性」（non-linear）的內在感知，進一步也創造了文學中的倫敦，成為作家筆下的一個「非真實城市」（unreal city）。就如同詩人艾略特（T. S. Eliot）筆下的倫敦，歷歷在目地，展現了文化的興衰。同樣的，吳爾芙的作品，亦藉由文字與視覺意象交錯，亦可化時空為感知以及情緒的圖像，體現於意識。

吳爾芙在她的寫作技巧裏，利用可見的顏色、形體以及線條，使其如同視覺藝術般，富含象徵意義。由於各種文類以及文字意象的交互使用，進一步促使流動的思考過程，使其緩緩的注入流動的生命之川。如此的寫作方式，逐漸的形成了吳爾芙獨特的寫作風格。人物的感情以及思維方式，亦不免左右了他，或者她，所見的外在城市。透過視覺以及觀看方式，投射了一種不可見的心理層面，亦或是一個夢幻式的影像。

藝術品以及視覺藝術的理念，由此觀之，成為吳爾芙本身，身為作家的涵養，也進而轉化為其寫作技巧。視覺藝術深化了作家的目光，使她能夠觀察日常生活中，看似平淡無奇，實際上卻唯妙的細節與變化。以此，作家才能來刻劃倫敦城市之中，人物之間的互動關係裏，所呈現出細微的內心層面。吳爾芙的寫作風格，一步一步的，引領著讀者們進入作品中人物的內心世界。內在世界的思想與情感被外放，以此視為生活經驗的軸心，在其中更是富含了象徵意義。

在吳爾芙的作品中，其特殊的寫作風格，促使著視覺與律動、思考與步行，進一步融合成為一個特別的經驗——促使內在世界不斷改變。內心世界的改變，更是同時影響了個人的觀點。外在世界，因此而成了心理層面的投射；內在情緒也可以藉由外在事物所顯現。主人翁凝視的目光交織成過去、現在和未來。城市中，片斷的視覺印象與意識，進而形成了有所感悟的此時此刻。

吳爾芙的作品，在在與視覺藝術、藝評以及哲學有著直接或間接的關連。關於這一點，可以由她與羅傑•弗萊的友誼可見一斑。他的美學論述，對她的寫作有著極大的影響力，尤其攸關描寫人物內心感受的技巧。

透過繪畫以及寫作，弗萊與吳爾芙皆對「再現」這主題各有看法。

弗萊深信，藝術家必須畫出自己的感覺，而非死命刻畫物體的樣貌。吳爾芙透過觀察鄧肯・葛蘭（Duncan Grant）以及華特・史克特（Walter Sickert）的畫作，在她的倫敦寫作之中，以色彩表現了「特殊形式」。透過畫家之眼，吳爾芙轉換肉體器官之中的「眼睛」為「心眼」，體現筆下人物將內在慾望由目光投射，達到內外合一的意境與境界。

在一九二五年十一月出版的《*London Mercury*》雜誌，第十三期，序號七十三之中，有一封非常值得重視的讀者來函。這位讀者名為查理士・葛文禮（Charles Grinley）。他寫信給編輯，說明他訂閱此雜誌已經有三年了，但是，他未曾讀到任何一篇有關電影的評論。讀者們便由此可知，電影在一九二五年左右尚未受到評論家的重視。或許在當時，一般人還是普遍認為，電影還算不上是一門藝術，所以並沒有討論的價值。這實在是件「不公平」的事。

然而，吳爾芙卻在一九二五及一九二六年陸續發表了她的著名小說《達洛維夫人》，以及其重要的評論短文〈電影〉。這個現象亦是顯示了她對電影的潛力所抱持的期望，即使她同時也意識到電影本身的不足之處。吳爾芙評論電影的動機在於，她看到了將電影的視覺語言運用在文學創作上的可能性。由《達洛維夫人》這部小說裏，讀者更能夠看出，吳爾芙的寫作技巧富含了許多電影技巧的實驗性。這使我聯想起了柏格森單純一刻的時間觀（pure duration），以及後來進而被德勒茲（Gilles Deleuze）運用在他的著作《電影II》（*Cinema 2*）一書中，所發展出的「時間影像」（the time-image）概念。

電影的視覺語言，乃是自繪畫發展而來。尚且，許多主題早已經在文學、音樂以及劇場的藝術形式中被探討。電影最初是為畫家們所發現的。尤其，米蘭的未來派以及巴黎的立體派畫家們，初步嘗試了製作電影。未來派著重於描繪外在世界的律動；立體派的藝術家們，在另一方面，則是創造出多重視角。在一九一三年，許多新的創作概念，在不同的領域之間不斷的被啟發。在其眾多的藝術領域之中，包括了繪畫、詩、音樂和戲劇。

新的創作概念，進一步激盪出各式各樣的理論以及實驗。比方說，軒博（Schönberg）徹底改變了大眾對音樂的看法。紀德（André Gide）及普魯斯特（Marcel Proust）的作品，更是驚艷了法國文壇，作為現代主義的開端。劇場更是成為前衛電影的實驗放映場。然而，電影始終尚未成為一門藝術。

它只是被視為機械玩具般，在底層，算不上具有創造力。自一八九六年一直到一九一四年這段時間，它的發展朝向工業化以及商業化。一直到很後來的階段，電影的藝術性才慢慢開始受到重視。在二十世紀的開端，電影只不過是一種娛樂的工具。觀眾並不怎麼樣嚴謹的看待它。它只不過被批評家認定是一連串用眼看的影像，不需用腦分析或用心感受。

然而，電影語言使城市富有了象徵意義。在第一次世界大戰之後，它的技巧並由「移動影像」（the movement-image）轉換為德勒茲的「時間影像」（the time-image）。法國未來派導演賈斯頓・齊瑞伯（Gaston Quiribet），在他一九二四年所發表的電影《游移未來者》（*The Fugitive Futurist*）中，表達了他對於倫敦這座城市未來可能的命運及其看法。這部電影之中所包括的，乃是一種預言式的想像。

電影中的男主角，名為「拿破崙」，是個精神療養院裏的病患，宣稱他可見到一般人所不能見的各種幻象。其中包括，海平面會不斷的上升，川法加廣場（Trafalgar Square）會被淹沒，太空船將能夠停在國會頂上（the Houses of Parliament），還有，電車更能夠從倫敦塔鐵橋（London Bridge）下穿過。如果說，早先立體派以及未來派藝術家，把當下城市中的快速變化，看做是一種篤定而且真實的未來。那麼，第一次世界大戰之後的電影技巧，作為一種新的藝術形式，似乎更是一種預言式的影像，取代了先前捕捉外在速度以及變化的快感。齊瑞伯的影像，剛好印證了這心理層面的刻劃。進一步，藉由精神病患所見，視覺影像的幻滅，更加突顯其反諷意味。

吳爾芙寫作中所運用的電影技巧，例如著名小說《達洛維夫人》及短文〈電影〉之中所提到的蒙太奇（montage）以及倒敘（flashback）等等的技巧，都早在德勒茲的電影理論出現之前，就已經存在。

在德國表現主義（German Expressionism）的代表電影，《卡里加里的小屋》（*The Cabinet of Dr Caligari*）中，吳爾芙細心的注意到，電影裏那牆上閃動的黑色陰影，十足象徵著正在上演的謀殺場景。巨大而且呈現出蝌蚪狀的黑影所帶來的恐怖，正預示著那殺人兇手高高舉起他的雙臂，形成那蝌蚪的大圓頭。兇手那手中的尖刀，正形成了蝌蚪的尾巴。

這牆上的黑色陰影，使觀眾內心能夠有所感受，而不必真正看見其謀殺場景血淋淋地上演。如此一來，對吳爾芙而言，電影不再只是一連串不需用腦的動態影像，徒使眼睛觀看，而令觀者感到疲累。換句話說，電影的視覺語言，自從第一次世界大戰結束之後，便開始秀出情感及心理的變化——那些名為「不可見的」內心世界。這便是電影的潛力。

身為一個女性作家，吳爾芙在其寫作生涯中，亦顯示了她本身與攝影之間的深厚淵源。這淵源其來有自，尤其可以追溯到她的家庭成員，祖姨媽茱麗雅・柯麥隆（Julia Cameron）。茱麗雅・柯麥隆乃是一位業餘攝影家。她的女兒，在她五十歲生日那天，送給柯麥隆一部全新的照相機。從此之後，柯麥隆便強烈的迷上了攝影。

吳爾芙的母親茱莉雅・傑克森（Julia Jackson）乃是茱麗雅・柯麥隆最鍾愛的攝影模特兒。茱莉雅・傑克森，同時亦是柯麥隆的姪女。柯麥隆的家中女僕們，甚至是經常來到她家中走動做客的維多利亞時期的士紳名流、畫家（例如：G. F. Watts），以及詩人（例如：Lord Tennyson）朋友們，都成了柯麥隆攝影鏡頭下的好對象。

再者，就寫作方面而言，攝影術對吳爾芙的寫作，有著極為深刻的影響力。關於這一點，讀者們亦可由現代主義的美學發展脈絡而得知。

陶柏（Fox Talbot）在一八三九年，發明了相機。於此，其後的三十年之中，照相術更是被廣泛的使用於報導新聞、警局檔案、紀錄、人像攝影，以及一般的家庭相本。吳爾芙對於攝影這項課題，亦有著持續性的關注與省思。

這些由攝影所帶來的思考面向，亦在其作品《三枚金幣》（*Three Guineas*）之中表露無遺。在其中吳爾芙使用了五張黑白社會新聞相片，更加利用女性獨特的批判眼光，來看待男權社會中的迷思。在西班牙內戰中，那些由於戰爭而死去的婦女以及小孩，他們的照片並未受到吳爾芙的引用。原因在於，她並不願意讓他們再次受到人們目光的摧殘，在觀者的眼中，再次成為美化政治、戰爭與男權的宣傳品。

對吳爾芙本身，以及後來的羅蘭・巴特而言，「缺席」帶來可貴的想像空間。正如她所想像的，在記憶中，與母親一同搭上通往聖・艾維斯（St Ives）的火車，亦或是一同回到倫敦。記憶中，母親穿著的衣裳，是一件以黑色為底的洋裝裙。在上頭，有著紅色、黃色及藍色的花兒點綴著。

這般想像，不僅將記憶中的母親，帶回到吳爾芙寫作的此時此刻。更有甚者，這腦海中照片一般清晰的記憶，同時更加顯示出了母親的「不在場」。正如同巴特的《冬園》（*Winter Garden*）相片，見證著他母親的「曾在此」（that-has-been）。凝視這張相片，帶給巴特極大的視覺狂喜，因為凝視觸動了他的情感以及記憶。

對巴特而言，那《冬園》不單只是一張相片。它更是巴特對母親的記憶——即是「靈光」的象徵。靈光並不可以被複製，正如讀者們與觀者們，並不擁有巴特對母親的記憶。

對讀者們與觀者們而言，那就只是一張單純的相片，跟《描像器》（*Camera Lucida*）一書中，巴特所引用的其他眾多照片，並不會有任何的不同。就算是真正看到了《冬園》相片，讀者們也認不出來，那照片中的八歲小女孩，正是巴特的母親。就如同讀者無法在《描像器》一書中找到這張《冬園》相片一樣。整部書，由此觀之，亦可以看做是巴特使用文字所拍攝出，記憶中母親的容顏。

超現實主義者（Surrealists），與其攝影術的精髓，也正突顯了巴特文中的「刺點」（the punctum），挑戰著觀者與其所見的相片中，那「曾在此」的人／事／物。巴特凝視照片，目光裏揭示了生死之迷，亦令人聯想起班雅明（Walter Benjamin）所指的，相片的預言性。相片中的人或物，在相片被拍攝的那一瞬間，立即脫離了其原有的時空狀態。相片的預言性在於，它預示了觀者們，那些人或物「曾在此」，但是現已不再的狀態。

班雅明也進一步的認為，相片乃是那「缺席」人或物的救贖。藉由凝視照片，觀者們因而認知了，在照片裏，漁婦目光之中，那不死的靈光。巴特的《描像器》一書，在一開始，便對沙特（Jean Paul Sartre）的《想像》（*L'Imaginaire*）一書致上無限的敬意，原因在於，沙特將照片視為一種認知模式。例如說，沙特能夠認出照片中的朋友皮耶（Pierre），乃是因為皮耶早在那相片被拍攝之前，已存在他的心中。

吳爾芙和她的倫敦

吳爾芙寫作中的倫敦有其特殊的文學意義。關於這一點，可以由她作品中倫敦人之間的互動關係來理解。倫敦城就像是一座迷宮。整座城市就如同人們的情緒與心理狀態的象徵。吳爾芙作品之中的倫敦人，在他們與她們的日常生活中，行走在倫敦的街道上。藉由行走，居住在倫敦的人們，也對他們的城市以及生活更加有所體會。城市中，永恆不變的時間流逝，亦因此而交織在人物的認知與想像之中。

吳爾芙她本身是個土生土長的倫敦人。她喜歡遊走在街上，觀察並且感受倫敦的歷史、人物及其魅力。簡單來說，這城市即是「事物的中心」。吳爾芙作品之中所具有的現代性，對我而言，乃是在於她用以描繪倫敦的獨特眼光。整座城市，藉由行走與觀看，思考以及寫作因此而能夠進一步的融合為一體。

吳爾芙的作品與倫敦這座城市之間的關連性，長久以來，乃是學者們關切的主題。眾多評論家其中，以蘇珊・史奎爾（Susan M. Squier）的論述，堪稱為女性作家與書寫城市之標竿。而其中，大部份的論述，則對城市中的性別問題、階級、藝術化的呈現方式，與權力結構有關。

然而，吳爾芙筆下的倫敦，一步一步的，帶領著讀者們體會這城市的多重社會百態以及文化面向。吳爾芙作品中的倫敦不但是一個主題，更可以被解讀為一個場景，一個文本，以及一個象徵，不斷的訴說著吳爾芙，關於她的內心與外界生活領域，重新建構，並且表達她邁向自由的文學之路，為她的思考找到一個嶄新的出口。由此可見，倫敦代表著一種心緒，一種深刻的感情，更是一個靈性的影像。

雖然，學者們也都一致認同，倫敦這座城市，在吳爾芙筆下有著獨特的象徵意義。但是，他們解讀吳爾芙作品的方式，卻也各有千秋。有的從文學史的角度來探討，有的則由文學批評以及理論來分析。其中，朵爾西・布魯絲特（Dorothy Brewster）的著作，《維吉妮亞・吳爾芙的倫敦》（*Virginia Woolf's London*），於一九五九年發表。布魯絲特的行文其中，說明了倫敦的重要性不僅可見於吳爾芙的散文當中，更是在於她的日記以及小說裏。

對於布魯絲特而言，倫敦不只是一個外在的實體，而它更像是一個如同半透明狀態的薄膜，一種生活的概念。吳爾芙的倫敦，就這一點看來，它並不像是一座由觀光指南裏所描繪的城市。它更像是一個靈魂，也恰似一種心情；亦或是，一個影像。

安娜・史奈斯（Anna Snaith），在她的著作《維吉妮亞・吳爾芙：公眾與私密之界》（*Virginia Woolf: Public and Private Negotiations*）之中強調，吳爾芙筆下的女性城市漫遊者們，漫步於倫敦，以此而進一步發展出，屬於她們自己獨特的居住以及觀看經驗，深化了城市空間的性別屬性。不論男性或是女性，都在觀看公眾與私密空間，但卻各自擁有不同的體驗。

因此，女性角色得以單獨的在城市空間裏遊走漫步，被視為女性自由以及權力的展現。正如同讀者們所熟知的，吳爾芙筆下的克蕾莉莎・達洛維（Clarissa Dalloway），以及瑪麗・丹卻（Mary Datchet）。

女性角色們，藉由漫步以及凝視，來展現權力。但是，吳爾芙她自己的生活經驗，例如往返於倫敦城與瑟賽克斯鄉間的旅程，卻也因此帶來一種似是而非的感覺。女性有著凝視的權力，但是，在另一方面，卻也不免成為被看的客體。正如倫敦城帶給吳爾芙諸多寫作靈感，使她能夠自由揮灑；但是，倫敦活躍與忙碌的社交生活卻也帶給她莫大壓力，使她不時得回瑟賽克斯（Sussex）鄉間散心。

黛博拉・帕森（Deborah L. Parsons）於其作品，《城市行走：女性、城市及現代性》（*Streetwalking the Metropolis: Women, the City, and Modernity*）之中，也探討了女性作家、步行漫遊與現代性的關連。一座城市，顯然代表著其居民的社群以及心理狀態。女性作家並非只能被當成是城市之中的平淡剪影。女性作家們，更是透過書寫城市，來探討空間、時間、身體以及心靈之間的連結。

女性作家，因為生理構造以及生活經驗的差異，自然有著與男性作家不同的行文以及論事觀點。光就這一點，便使人足以起而顛覆，男性作家作品中，女性角色只是一種「被看物件」的刻板角色。吳爾芙筆下的女性角色，以此而觀之，各個都是主體，各個都於行走於城市之間，展顯觀看與思考的權力。

吳爾芙也進一步的來使用「他者」的觀點，創造她的現代主義。這樣的觀點，正有其美學價值，因為女性的目光在男權社會中，一直並非是主流。

吳爾芙在她的寫作中，大量運用視覺上的比喻以及象徵手法。並且，更加以運用都市空間，展現以及突顯這種「性別化」的目光（gendered gaze）。

正如同她在其作品《一個人的房間》（*A Room of One's Own*）之中所言道，男人們和女人們，自然而然，有著各自不同看待事物的方式，也更加衍生出各種不同的價值觀。「珍奧斯汀（Jane Austen）以及艾略特（George Eliot）的寫作，像是出自女人之手，而非男人」。

女性作家們應該利用她們自己獨特看事物的方式，進一步在寫作上力求精進，才不會落入傳統的窠臼，而一味的跟進男人寫過的主題。就好像吳爾芙在《倫敦景致》（*The London Scene*）之中，評論參觀卡萊兒先生（Mr. Carlyle）的房子時的所見所感，細心而敏感的注意到了，屋子裏頭那骯髒的地下室。那一間骯髒的地下室，剛好與卡萊兒夫人（Mrs. Carlyle）的處境，互相呼應。而在卡萊兒夫人的肖像畫裏，她瘦弱的面頰，與哀怨的眼神，更加說明了日常生活所帶給她的多項折磨。

在此，我想要明白點出的是，吳爾芙與她那「性別化」的目光，並未將重點放在卡萊兒夫人那一身的美麗絲綢。另外，吳爾芙也沒有一味的讚賞卡萊兒的偉大，亦或是，他的那棟房子有多麼的豪華。

〈II〉觀看

畢竟，所有的藝術都是一樣的。你可以用文字寫一幅圖畫，像是用感官畫一首詩。

——畢卡索

吳爾芙的視覺性

吳爾芙與倫敦這座城市的淵源極為深厚。透過她的好朋友，畫家以及藝評家羅傑・佛萊（Roger Fry），還有她的姊夫克萊夫・貝爾（Clive Bell），他們共同組成了一個文藝團體，並將其命名為「布倫斯柏里」——那是一個以吳爾芙和她的姊姊，凡妮莎・貝爾（Vanessa Bell），以及一些文藝界的好友們，位於倫敦市中心居住地而命名的文藝團體。藉由成立這樣的一個文藝團體，他們便開始有機會來發展了許多有關後印象派的藝術理論、藝術創作形式，以及美學理論（在這其中，尤其有關視覺與性別論述的發展尤其可觀）。

在吳爾芙的作品當中，讀者們其實不難發現，吳爾芙在寫作中，對視覺物件的色彩、形狀以及線條的著重。吳爾芙她自己獨特的寫作技巧在於，用色彩、形狀以及線條來表達筆下人物們的內心情感。在我看來，這樣的寫作技巧與方式，都與布倫斯柏里的成員們，以及其藝術理念，有著極為密切的關連。

吳爾芙自己，在另一方面，她又研讀了亨利・詹姆斯（Henry James）以及普魯斯特的著作。同時，再加上她與布倫斯柏里的成員之間，不斷的對於寫作以及藝術方面的問題進行討論，進而發展出一套屬於她自己獨特的「二元觀看」（dual vision）美學思考。藉由此論點，我們可以進一步推論，在寫作中，吳爾芙更加對於城市，以及其中的女性漫遊者，能夠有更加深刻的描繪。經由此「二元觀看」思考方式，吳爾芙更加串連了寫作中，人物角色的內心以及外在世界，將行走、注視、感知以及思考合而為一。

在我開始討論吳爾芙的「觀看」之前，我想先由西方哲學的傳統，來探討視覺的重要性。「觀看」，自笛卡兒（Descartes）以來，已經由自然科學，進而發展出一套哲學體系。太陽光線，建立起人體眼睛，以及可見世界景物的關係。透過光線折射以及反射，物體的顏色才得已清晰可見。學者馬丁・傑（Martin Jay）也同樣指出，笛卡兒的相關哲學理論多半是建立在視覺性的基礎上。因此，透過注視，主體／觀者與客體的關係才得以建立。

然而，值得注意的是，當拉岡（Lacan）利用笛卡兒的主體性來討論凝視之時，他卻以梅洛龐帝（Maurice Merleau-Ponty）的《可見與不可見》（*Le Visible et l'invisible*）作為開端，藉由觀者／主體與客體的關係，將其理論由「可見」的世界，進一步帶向「不可見」的思緒。

拉岡在他的文章中提到的，「我看見我自己正感知著自己」（I see myself seeing myself），正巧也呈現出主體與其思緒之間的辯證關係。拉岡的〈歪像〉（'Anamorphosis'）一文，收錄於《精神分析的四個基本概念》（*The Four Fundamental Concepts of Psycho-analysis*）一書之中。讀者們於是更能夠清楚的看出，主體由其凝視與認知外在世界的方式所定義，正如觀者亦被他自己的內心世界所定位。他正感知到，自己那不可見的思維，正巧也如同他能夠在頭腦中清楚的意識到，自我（self）對外界有所認知（perception）與感知。

這自我的思維，由認知外在世界而來，如同鏡子一般反映眼之所見與心之所知。從拉岡的文章之中，我們可以來理解到，那鏡子裏的影像所投射出來的，正好是那主體視線的源頭（the original point of vision）。透過「眼」（the eye）、視覺（the visual）以及感知（perception），拉岡進而在其精神分析的理論上，來建構其主體「我」。對於拉岡而言，心眼（the mind's eye）所見，亦即所謂意識。它亦使主體由內而外翻轉，將外在世界視為、亦納入自我認知的一部分。拉岡對於凝視（the gaze）的理解，在我看來，自然對文學以及精神分析的發展，有著極大的幫助。

然而，露西・伊莉加瑞（Lucy Irigary）更是進一步的發現，「女性」觀者，在主體與客體的辯證關係中，更加顯示出同樣的重要性。我本身對吳爾芙作品的理解，亦受到前人與他們的理論啟發，希望把主體看成一個「綜合」的概念及「存在」（being）的方式。恰好，正如笛卡兒所說的，「我思故我在」（I think, therefore, I am）——這個「我」已經從一個可見形體，轉換為內在意識——那肉眼看不見的思考過程。

伊莉加瑞對凝視的看法，自然是性別化的。伊莉加瑞對「視覺」有所批判，原因是在於，它是造成男性「主體」優越感的原因之一。女人們，相對而言，可就沒那麼幸運。因為，長久以來，她們只能算是一群被看的「客體」。

但是，在這裏，有一個重點值得注意的是，伊莉加瑞並未將拉岡的思考體系，進一步納入她的理論考量。因為，在我認為，拉岡將分裂主體、可見與不可見的主客體關係，以視覺為主軸，而影射出觀者對於外在事物所投射的慾望。如此的理解，並不必然將女性矮化為被動的、被凝視的客體。

伊莉加瑞對於主體與客體的理解，正好可以用來建構女性觀者，並且附與吳爾芙的「性別化」目光，一種更深層的意含。正如同吳爾芙，在她的作品《三枚金幣》中所嘗試發展的。吳爾芙在這一部作品當中，並沒有放置任何有關女性的照片。正巧相反的，吳爾芙在她的寫作當中，放置了一連串，五張代表男性權力中心的照片。

吳爾芙之所以這樣做，其最終目的並不是要企圖彰顯男性權力的偉大之處。然而，恰好相反的是，吳爾芙在這裏，是企圖建構一種女性觀點，以此來加以解讀，照片中男性所代表與象徵的權力。正因為，女性並不屬於權力軸心——她們並不是「律師」、「法官」、「將軍」或者是「教宗」。女性，在這一連串的權力軸心之下，只能夠算是個「他者」（the Other）。

縱使是個「他者」，那嚴厲謹慎的目光更具批判性。我想要了解的是，在吳爾芙的寫作中，那「二元化」的目光，就好比心眼與裸眼，相互交織，並且反映出「可見」與「不可見」的倫敦。到底，吳爾芙用了哪些手法創造了她筆下的女性觀者，亦同時改寫了倫敦這一座城市，在文學傳統中的表現方式？

我想，主要可以透過兩種方式，加以研讀分析，來達到此一目的：一則是，透過布倫斯柏里小組的美學觀；另一方面則是，經由法國詩人波特萊爾作品中的都市漫遊者概念。在我看來，前者定義了吳爾芙寫作中的畫家之眼；後者則發展出都市中特有的，性別化的目光。

吳爾芙與「後印象主義」

布倫斯柏里小組的成員，主要是來源自劍橋大學（University of Cambridge）的國王學院（King's College）以及三一學院（Trinity College）。維吉妮亞・吳爾芙的丈夫，李奧納德・吳爾芙（Leonard Woolf），曾在他那一八八〇年至一九〇四年的自傳（Sowing: An Autobiography of the Years 1880-1904）中，同樣記載了他的那一段三一學院歲月。在他的作品之中，李奧納德回首過往，那些與同窗們一同閱讀亨利・詹姆斯作品的日子，竟然更是歷歷在目。

亨利・詹姆斯的晚期作品，在那個時候正當紅。後來畢業後，這組「小劍橋」成員，包括了李奧納德・吳爾芙（Leonard Woolf）、克萊夫・貝爾（Clive Bell）、萊頓・史萃齊（Lytton Strachey）、梅納・凱因斯（Maynard Keynes）、以及吳爾芙（Virginia Woolf）的弟弟托比（Thoby Stephen），一起搬到了倫敦高登廣場第四十六號（46 Gordon Square），一幢位在布倫斯柏里的房子。

自一九〇五年夏天起，在每週四的晚上，他們有著固定聚會，藉此機會暢談文藝。當時，史戴芬姊妹（Stephen），凡妮莎以及維吉妮亞，（Vanessa and Virginia兩姊妹，在結婚之前的姓氏就是Stephen）也參與那徹夜煙霧瀰漫的文藝沙龍。

賀麥恩・李（Hermione Lee）在她的作品，《維吉妮亞・吳爾芙》之中，同時也進一步提到，在吳爾芙的日記裏，讀者們可以了解到，文藝沙龍聚會以及談話的重要性。吳爾芙與布倫斯柏里小組的成員，一同討論普魯斯特以及亨利・詹姆斯，充滿熱情的相互交換意見和看法。藉由談話、自由的想像與思考，小組的成員似乎也在心智上相互合而為一。如此一來，不單是進而發展出文學與視覺藝術的對話，理智與情感的平衡，更加創造了視線與藝術設計的圓融。

吳爾芙為弗萊立書作傳，題名為《羅傑・弗萊》（*Roger Fry: A Biography*）。在這部書當中，讀者們便可以看得出，弗萊與「後印象主義」繪畫的淵源（Post-Impressionism）。「後印象主義」這個詞彙，原本為一名記者，為了報導在倫敦市中心的「第一次後印象派」畫展，所來發明的。根據閱讀法蘭西斯・司博丁（Frances Spalding）所寫的傳記《鄧肯・葛蘭》（*Duncan Grant: A Biography*），讀者們便能夠發現，這位記者的名字是羅伯・戴爾（Robert Dell）。

「馬內與後印象主義者們」（Manet and the Post-Impressionists），是「第一次後印象派」畫展的正式名稱。此畫展，是由位於倫敦龐德街（Bond Street）的葛瑞夫登畫廊主辦（the Grafton Galleries）。其展期自一九一〇年十一月八日到一九一一年一月十五日。根據媒體的報導，此畫展當中所有的畫作，全部都未受到好評。原因在於，大多數的觀展群眾們，都認為它們的畫風破壞了優雅的西方藝術傳統底蘊。它們看起來，實在是太不具技巧性，也太不真實了。

然而，像是這樣的反應，對評論家司博丁而言，似乎是與當時英國首都的政治、以及社會動盪有關，例如，社會主義者（Socialists）及女性主義者（Women's Suffrage）的抗爭。但是，對弗萊及克萊夫・貝爾而言，後印象派繪畫，無疑是現代美學的先驅。高更（Gauguin）、塞尚（Cézanne）、畢卡索（Picasso）、以及馬諦斯（Matisse）等人用色大膽，以原始的內在情感，作為他們的創作基調。如此一來，他們更進一步，開啟了嶄新的藝術形式以及畫風。

李奧納德・吳爾芙，乃是第二次後印象派畫展的策展秘書。這次的展期為一九一二年十月五日，乃至一九一三年一月底。許多觀眾，自四面八方，慕名而來。其中，以觀展人數上看來，既與第一次後印象派畫展來做比較，竟然暴增了二倍。但是，果不其然，其總體而言，觀展反應似乎比第一次更加負面。其中的原因還是在於，觀眾們並不熟悉其畫家們的畫風。大多數的評論家都還是認為，這些畫作徹底的「摧毀了歐洲繪畫的底蘊」。

然而，弗萊以及貝爾兩人，皆對後印象派畫作，有所好評。尤其是，他們都在後印象派畫作之中，看到了創新形式的色彩、形式以及線條。在這創新的形式之中，後印象派畫作又間接的與拜占庭藝術有所呼應。弗萊也在其文章〈印象主義的最後一頁〉之中說明，高更以及塞尚都崇尚簡約的風格。他們都用鮮明的色塊作為基調，藉以描繪內心情感，而非一味的專注於物體的外貌。

關於這一點，後印象派畫作又與印象主義畫作有很大的不同。原因在於，印象派畫家們堅持畫其所「見」。例如，觀者們可以看到，莫內畫中藍色的雪（陰影之中的白雪）。後印象派畫家，在另一方面則畫其所「感」，如同在梵谷的畫中，觀者們可以看到那橘子色的雨絲，正呈現著四十五度角的傾斜。色彩的選擇，皆透過畫家謹慎的考慮。因此，不同的顏色之間，也因此有了緊密的連結。畫布上的物體之間亦相互呼應，調和了藝術感與設計感。

後印象主義者們，普遍而言，都非常善於利用簡單的色彩以及物體形狀，來表達內心之中強烈的情感。但是，他們與印象主義者們之間，最大的差別在於，他們繪畫之中所用來表達光影的方式。這其中，值得觀者們所注意的是，印象主義者們處理光影的技巧與方式，看起來往往太過「科學化」以及「機械化」。

因為，印象主義派的畫家們，往往執著於肉眼之所見，立意在於表現出大自然之中的光影繁複。然而，在另一方面，後印象主義者們則不以表現肉眼之所見的大自然，為首要任務。恰好相反的，自然與肉眼之所見，可以被用於表現畫家心目中，真正的內在情感。印象派主義的畫作，詳實的捕捉了光影；而在另一個更深化的角度而言，後印象派主義的畫作，則進一步將光影個人化，使得真實的內心情感得以呈現。

當塞尚於一九〇六年，在普羅旺斯過世時，他的畫作以及名聲，在英國普遍而言，並不算廣為人知。然而，如果讀者們，以一位後印象派主義畫家的先驅，這樣的角度來看待他，因此便不難發現，他的影響力以及美學觀，明顯的受到弗萊以及貝爾的重視。

前後一共二次後印象派畫展，在一九一〇及一九一二年之間，被視為倫敦藝術史上，歷史性的一刻。更為英國當地的藝術家們，引進了全新的繪畫技巧與風貌。馬諦斯一九〇九年的畫作，《舞者》（*La Dance I*，油畫，259.7×390.1公分，現保存於紐約的現代美術館，The Museum of Modern Art, New York），其中更加代表了內心與外界的最佳平衡狀態。

馬諦斯的《舞者》，不只是顯示了肉眼所見的外界，以及舞者們那手舞足蹈的動作。在這幅畫作其中，觀者們更能進一步的印證，弗萊所謂的「心理狀態」。畫作中，那線條的流動，以及那純淨的用色，在在都顯示了和諧的空間調配。而那畫作上的空間，甚至是富有詩意的。

後印象派畫作，試圖恢復以及呈現，那內心裏的幻想與渴望，就像是一種無憂無慮的原始狀態。後印象派畫作，以最簡單樸質的方式，來表達情感，亦或是藝術家一瞬間的感悟。

塞尚這一位畫家，竟然也同樣地，在其畫布上的景物之中，傳達了相當的概念與精神。評論家保羅・史密斯（Paul Smith）亦同樣指出，塞尚的風景畫作，就像是他用來表達他對祖國以及其土地，那樣的熱愛程度與方式。畫作之中，家鄉普羅旺斯，以及祖國的風景，看起來就像是母親的身體。這些美麗的風景，牽引了藝術家內心深處重生的根源，將心靈深處的熱情在在表現於藝術形式之中。

山川宏偉以及土地那秀麗的形式，亦發象徵著塞尚本身，以著他藝術家的身分與其獨特的藝術形式，極欲棲息於母親溫柔的膝下。跨過原野，他想臣服於母親的胸前，正如同他的目光，停留在山頭的沉靜陰影之下。對我而言，塞尚畫中的女體們，其肌膚的顏色大部分為褐色，隱隱約約的象徵著，畫家將法國土地的顏色與景致母體化。

弗萊他自己，作為一個後印象派畫風的支持者，也進一步來將法國南部的風景入畫，更加帶出他內心真正澎湃的情感。因為——他無法利用英國當地的風景，來達到此一目的。他亦藉由造訪君士坦丁堡，（拜占庭帝國的首都，現今土耳其的伊斯坦堡），來將後印象派畫作，更進一步，與悠遠的拜占庭古文明來作連結。

弗萊的洞見，並不單單只是令他對藝術品以及他自己的畫作，有了更新一層的啟發。他的藝術評論，也因此，起了承先啟後的作用。正如他所言，在後印象派的繪畫當中，畫家們所一致尋求的是，一種「情感直接表達」的方式，正如觀者們可以在拜占庭古文明的馬賽克藝術作品中，所感受到的。

弗萊接下來也認為，藝術創作的目的，是在於表現真實。個人內心原始的情感，正是弗萊筆下，那所謂的「真實」，而非只是單單畫出眼之所見。後印象派的畫家們，不約而同的，皆以此為己志。顏色以及線條的韻律、畫布上空間的調和等等，這些元素，在在顯示了藝術家看待事物的眼光，也形成了他自己獨特的一套構圖方式。

內心的情感原始而真實，一如那澎湃的創作泉源。畫家們因此而胸有成竹，亦得以在那畫布上盡情的揮灑。評論家克里斯多弗・瑞德（Christopher Reed）亦指出，後印象派的畫作，因此而表現了一種主觀的心靈圖像。而那圖像，並非透過眼睛以及意識上，經由眼睛可見的外界，所接收到的客觀印象。大衛・薩摩（David Summer）也更加贊同，認為那心靈圖像，就如同用心靈成型的藝術品，代表著藝術家的人生當中，某一個特定時期的心理狀態。

繪畫這一門藝術，更是可以藉由觀看，來進一步溝通人與人之間的情感，亦或是直接表現出藝術家本身那主觀的想像狀態，正如同我們能夠在音樂以及詩歌之中體會到的。弗萊尤其指出，在塞尚的畫作裏，其中的可貴之處在於，畫家本人正是使用創新風貌的視覺語言，之以描繪情感的首要人物。

「辯證性的融合」（synthesis）乃是弗萊用以分析，以及定義塞尚畫作內涵的關鍵語彙。塞尚的作品，在弗萊的眼中，充滿著價值，因為在其線條、用色以及物件形狀之中，在在揭示著一種發自內心、原始的調和與美感。「辯證性的融合」，非但調和了內心所感，與外界所見；進而形成了畫作之中，那所謂「顯著的形式」（Significant Form）。

在此藝術形式之中，作品並不單單只是表現了畫家獨特的美學設計與眼光，更是能夠引導出觀者們的美學思緒與感動（aesthetic emotion）。於藝術作品之中，由此可見，後印象派藝術家們所堅持的創作理念。正如吳爾芙，在她的《羅傑・弗萊》一書中所結論道：後印象主義風格則是「為情感與智識，視覺與設計之間，所達到的平衡」。

與印象主義風格的畫作互相比較，後印象主義風格，則是更加顯得直接、簡單以及原始。吳爾芙在她為弗萊所作的傳記之中，也進一步的提到，弗萊的「奧美嘉藝術工坊」（Omega Workshop），也秉持著相同的創作理念。更加希望由此而出發，對於英國的藝術傳統，能夠有更新一層的延續以及啟發。

後印象主義，在藝術史上，不但為繪畫創造了新的氣象，使得想像力發揮，更是進而形成了一種新的觀看以及表現方式。某一件藝術作品，它之所以特別，乃是因為它表現了藝術家個人獨特的情感。

雖然，弗萊對後印象主義直接、簡單以及原始的風格讚譽有加；但在另一方面，當時英國的普羅觀看大眾，卻不那麼認為。他們普遍覺得，兩次在倫敦城所舉行的後印象主義畫展，對於觀看大眾而言，似乎是一種侮辱。正因為，那畫作之中的筆觸，看來竟然是那麼的零亂、幼稚而且可笑。

類似這樣的批評，就如同一場言語的風暴，對弗萊而言乃是一種異常可怕的中傷。弗萊自己，當然不喜歡被稱呼為某種「行騙的江湖術士」。只因為，後印象主義繪畫的創作理念，正巧與弗萊自己的創作理念非常的契合。所以，就這一點上看起來，他更加需要，也更能夠為其辯護。

弗萊同時也覺得，他可以「畫」出亨利・詹姆斯寫作之中的視覺紋理——並且，以一種極其優雅而細緻的筆觸。他也仰慕詩人柯律芝（Coleridge），詩作中多變的色彩以及視覺效果，特別是讀者們可以在〈老水手〉（'Ancient Mariner'）一詩之中所能夠看到的。

在某些文學作品其中，豐富的文學意象亦非常值得入畫。對我而言，弗萊自文學作品之中，看見創新繪畫形式的可能性，正如吳爾芙在觀看繪畫之中，更進一步領悟出，嶄新的文學創作之道。如果，以畫家之眼（the painter's eye）對於視覺的敏感度，就這一點來看，吳爾芙亦察覺到，文學作品，是到了該擺脫其舊有形式的時候了。

正如吳爾芙所觀察到的，文學形式的演進，由「愛德華式」（Edwardian）的寫實主義，又再過度到「喬治亞式」（Georgian）的現代主義。這個現象在在顯示著，文學作品形式舊有的外衣以及包袱，正在又一層一層的剝落。塞尚與畢卡索這兩位畫家，在他們的繪畫中，亦在在揭示了同樣的道理。

在一九二四年出版的短文〈班奈先生與布朗夫人〉中（'Mr. Bennett and Mrs Brown'），吳爾芙更加批評，英國的小說家，應該視小說為一門藝術。文學不該只是寫寫日常的瑣事，如相片一般，一成不變的反映現實。布朗夫人所代表的咖啡色，正巧是吳爾芙找尋描繪「小說人物」的新創作技巧。在寫作中，情感的表現正好可以如同繪畫一般，由草坪上緩緩走來的兩個人影來表達。

吳爾芙與藝術形式

克萊夫・貝爾，在他的《藝術》一書之中也談到，藝術的形式之所以「顯著」，完全是因為它承載了情感。一件藝術作品，也使得觀者感動，因為它也牽引著觀者的喜、怒、哀、樂。人類的情感之所以珍貴，亦是因為它是發自個人內心的，也是極為真實的。

各種顏色、線條以及形狀，構成了特殊的藝術形式，同時也各自代表情感的某一個面向。塞尚畫作之中，所顯現出來的平靜感，正是他看著家鄉的法國南部，那普羅旺斯的景色時，心中所體悟到的真實與感動。瞬間，那靈魂深處的普羅旺斯，轉化為色彩、線條以及形狀。畫作之中的「美感」，正是那內心的狂喜與感動，進一步化瞬間為永恆，交織著內心與外界的時空。

後印象主義的繪畫風格，將一種原始的精神注入現代主義之中，以簡單及純粹的線條展現，形成了貝爾所謂的「顯著」藝術形式。如此一來，在畫作的簡單風格之中，能夠更加具有原創性。這樣的原創性，看來是最能夠感動貝爾。塞尚，以及其他後印象主義的畫家們，皆表達了此一原創性。這樣的一種個人特質，使得畫面兼具理性與感性的平衡與美感。同時，藉由繪畫來表達個人的內心情感，畫家們與觀者們也同時達到了一種靈性的滿足與狂喜。

藝術品與藝術形式，也同時代表著某一個時代的特殊精神。就這一點而言，藝術家在某個層面上，也更加反映了時代的思維與表徵。對於貝爾而言，後印象主義的畫家們，藉由他們的畫作，而來表現了靈魂最深處的情感狀態。視覺（vision）以及設計（design），也因此而更加能夠融為一體。

貝爾，他那美學理論中，所謂的「顯著」的藝術形式，竟然是可以被理解為，那近乎數學化的、以及純粹符號式的質地。吳爾芙，在一九一九年，所出版的第二本小說，《日與夜》（*Night and Day*），其中的女主角凱薩琳（Katharine）的思考模式，正代表著此一內在思想純粹的熱情。

吳爾芙，也更加在她的〈電影〉（'The Cinema'）這一篇文章之中提到，有關於電影的美學，是會一直不斷的存在，不論觀眾是否正在看著它。其中，這原因在於，「在電影之中的國王，並不會跟我們握手；而在電影之中的浪花，也不會浸濕我們的腳」。正如吳爾芙所言道，如此一種藝術形式之中，這樣的一種「美」的概念，並非只是膚淺的，在表面上說道，一個女人，她的容貌有多麼的美，亦或是，那些與她相處的快樂時光，「夕陽無限好」。藝術所帶來的美感，以及其帶給觀者內心裏的震撼，則是永恆的。

電影藝術，利用顏色、形狀以及線條，來傳達詩意，並且，展現出一種新的視覺語言（visual language）。正如貝爾在鄧肯・葛蘭（Duncan Grant）的繪畫當中，看到了文學的底蘊。這種橫跨文學以及藝術的主題，進一步透過顏色、人物動作以及空間的關係，烘托出心理層面的張力，更加給與了那肉眼所看不見的內在感覺，一種多重的涵意。

文學的詩意，正由這細微之處，衍然而生。貝爾，在葛蘭的繪畫中，看到了文學的成分。就如同吳爾芙，在席克特（Walter Sickert）大膽的用色，與畫布上人物的舉手投足之間，見到了那無窮無盡的詩意。

評論家賽門・惠特尼（Simon Whitney）也同時認為，葛蘭的繪畫技巧，與後印象主義美學，有許多雷同之處。而在這一個論點其中，也更加暗示了，葛蘭的繪畫風格，具有強烈的現代性色彩。其中，這原因在於，葛蘭的繪畫技巧中，融合了馬諦斯（Matisse）的繪畫筆觸當中，那色彩的強烈感以及豐富感。再加上，葛蘭也有著那近似塞尚的構圖與筆觸，進而形成了他那具有個人特色的後印象主義繪畫美學。

然而，在這樣的一種繪畫技巧以及特色之中，觀者們在此同時，更加不難發現，葛蘭他本人，對於拜占庭時期，以及文藝復興時期，藝術風格的回應。從葛蘭一九一〇至一九一一年的畫作《舞者》（*The Dancers*）以及一九三七年的《舞蹈》（*The Dance*）之中（現存於英國伯明罕，博物與美術館，private collection, Birmingham Museum and Art Galleries, UK），皆可以看出其繪畫技巧，與拜占庭時期的藝術，以及文藝復興時期藝術之間的關連。

拜占庭時期的藝術，以及文藝復興時期藝術之間的影響之一，可由繪畫之中，舞者的臉部表情與手足動作，而見著其端倪。再者，影響之二，則是能夠自葛蘭的繪畫之中，舞者的服裝以及其用色，來進一步的溯源。在葛蘭的畫作當中，其圖案的構成，使得馬賽克之中（mosaic），更加包含了馬賽克（mosaic within mosaic），促成了線條、乃至於畫面的和諧、祥和的面部表情、舞者們優美的姿態、以及畫面上相互調和的色彩。對於葛蘭而言，後印象主義，不單單只是提供了畫家們，一種新的觀看方式。後印象主義，同時更與拜占庭時期的藝術，以及文藝復興時期藝術之間，相得益彰，促使畫家們，得以將內心的情感湧現於畫作上。

《舞者》，乃是一幅極具個人特色之畫作。畫面中的五位舞者，一同邁著平順的步子，臉部個個朝向天際，因而展現了一種特別的祥和心情。因此，葛蘭的繪畫之中，也體現了弗萊的美學理論中，之所謂的美學情感。其中，更加綜合了畫家獨特的視覺以及獨特的藝術形式，也正是如同先前貝爾所提到的。如此一來，在貝爾的眼中，葛蘭並不只單單是個「英國人」（Englishman）。更正確的說法是，他是一位真正的藝術家。

在著名的吳爾芙學者，黛安・紀爾斯比（Diane Filby Gillespie）的著作，《姐妹藝術：維吉妮亞・吳爾芙的寫作與凡妮莎・貝爾的畫作》之中（*The Sisters' Arts: the Writing and Painting of Virginia Woolf and Vanessa Bell*），她指出，當吳爾芙在一九〇八年的意大利，見到了許多優美的畫作時，吳爾芙與姐姐凡妮莎，便開始比較起寫作與畫作之間的創作心路歷程。

根據黛安・紀爾斯比的觀察，寫作以及繪畫，兩者皆創造了「美」的概念。然而，兩者之間的不同之處在於，繪畫是無聲的、非語言的、而且是視覺性的。但是，在另一方面，寫作之中的文字，則是表現了一種「心靈的飛翔」（the flight of the mind）。我們可以說，這兩種藝術形式，都同時以不同的方式，來體現了「美」。

吳爾芙，在此同時，也開始檢視她自己片段的寫作過程，並且，將之視為一種繪畫般的素描過程。因為，不論是作者，或者是畫家，同樣的在此一創作過程當中，都試著與自己的內在情感以及思維，溝通出一種獨特的表現方式。尤其是，在義大利旅行的途中，吳爾芙也一併注意到了，在她筆下可能呈現出的眾多題材。

作家們，尤其在寫作中，以文字釋放出自己的心靈與情感。吳爾芙，身為一位作家，亦藉由觀看繪畫，進而在視覺藝術之中取得靈感。藉由寫作，吳爾芙也進而培養出她那獨特的，運用畫家之眼的觀察以及寫作方法。如此一來，她便可運用，以繪畫的敘事手法，進而完成文學之中，那運用文字藝術而創造出的，多采多姿的視覺意像。

如果，我們好好的仔細閱讀吳爾芙的作品，包括她的小說、文章、信件以及日記等等，便不難發現，繪畫作品，對於吳爾芙的寫作而言，是很要緊的。弗萊和貝爾的美學理論，同時也在她的寫作過程中，扮演著非常重要的角色。比方說，在一九二四年出版的短文〈班奈先生與布朗夫人〉之中，吳爾芙明白的表示了，她對於所謂的「喬治亞式」作家，以及「愛德華式」作家，這兩種不同寫作風格的看法。

這兩種類型的作家們，在其寫作風格上而言，也是各有千秋。首先，「喬治亞式」作家的寫作風格，正如同那後印象派畫家的畫風，將無數肉眼可見的小細節縮減，因之，更能夠將許多不必要的形式簡單化。這樣的一種情況，正如同，那畫家看著他的畫布，倒退半步，又再將他的雙眼半閉，似乎也在那無形之中，把人物與風景的精華點出來了。

然而，在另一方面，「愛德華式」的作家們，那繁複的寫作風格，似乎也被「喬治亞式」的作家們簡單化了。「愛德華式」作家們的作品，看起來正像是遠方的「一景」。文學形式，藉以此論點，而能夠看得出，由「愛德華式」的寫實主義（realism），進而過渡到「喬治亞式」，那注重心理層面的描繪，以及抽象的寫作風格。這樣一來，文學作品也又一次的顯示出，作家們，已經慢慢步出維多利亞時期（the Victorian Period），進而邁向以文字自由的表達內心情感的現代主義之路（Modernism）。

吳爾芙自始自終，對於繪畫，自然有著相當程度的熱愛。她在〈圖畫與肖像〉（'Painting and Portrait'）一文之中，提到了她在參觀倫敦的國家藝廊（National Gallery, London），以及國家肖像藝廊（National Portrait Gallery, London）之中，所得到的看畫經驗。對她而言，畫家們在繪畫之中，運用各種各樣的色彩，在畫布上，形成了那些「無聲的語言」。

更進一步而言，在寫作之中，吳爾芙也一再的試圖運用自然的，亦或是城市之中的人造光影以及色彩，來描述人物的內心世界。如此一來，即使是身為作家的她，亦是如同她有雙畫家一般，敏銳的雙眼。內心情感的表達，讓讀者們更能夠進一步的看清，吳爾芙作品當中，人物的內心世界。用紙和筆所描繪出的記憶以及思緒，因而更可以被融合為一種整體而和諧的藝術形式。

繪畫中的各種色彩，並不只是一連串互不相關的色塊。我在這裏想要表達的是，吳爾芙在她的寫作之中，不斷的試圖運用顏色，來呈現一種顯著的內在的邏輯。然而，在這其中，她更加試圖附與內心情感，一種特殊的表現方式以及意義。換句話說，色彩的功能，並非只是展現出，物體之中，那肉眼可見的形式。而那些多樣的顏色、線條以及形狀，更是代表了作家們與畫家們的情感與心情。

如此一來，文字以及繪畫，這兩種乍看之下，毫不相關的藝術形式，都可以藉由顏色、線條以及形狀，來更進一步，找到那可以通用的，新的視覺語言（visual language），進而能夠表達出內在情緒的真正韻律。

讀者們，由這樣的一個論點之中，便能夠看得出來，後印象派的藝術技巧所創造出來的美學理論，正好是吳爾芙以及布倫斯柏里小組的成員，所一同尋求的創作目標與讚賞的對象。尤其是，在吳爾芙的寫作技巧當中，物體的顏色以及形狀，更是一種在寫作技巧之中，可以被用來呈現內在的情感與心情。佛斯特（E. M. Forster）也曾經評論道，吳爾芙恰當的運用了她的寫作技巧，將筆下人物的內心世界，活躍的彰顯於紙上。

在《與席克特的對話》（*Walter Sickert: A Conversation*）這一本一九三四年所出版的小書當中，吳爾芙也進一步的寫道，人們的心理，與目光可見的物件色彩，以及其所處的周圍環境，都有著很深厚的關係。正如同吳爾芙所注意到的，「人們看待色彩的方式，皆各有不同。而畫家們亦然。」

但是，這樣的一種狀況，多少也與畫家們的出生地有關，例如說，那是個湛藍的南方，亦或是位在那灰暗的北方。有的時候，色彩是那麼的極度斑斕鮮明，彷彿與任何眼前的事物都無關。然而，在那些天真的孩童眼中，所有可見的色彩，又自行成就出了另外一個世界。政客與生意人，似乎整天待在辦公室。這也難怪他們，對色彩麻木，也缺乏了敏感度」。

吳爾芙讚賞席克特的畫作，是因為他的用色大膽，也為他的畫面，帶來了極具不凡的戲劇效果與張力。參觀完席克特的畫展之後，吳爾芙不禁寫道，席克特的畫作，「使得觀者們，在看畫之時，就如同昆蟲在花叢中一般。眼波流動，意味著那繁複的色彩變化。例如，色彩的變化，是可以由紅到藍，或者是，更可以由黃到綠。色彩的多變，同時也可以更加反映出，人物的心理變化。正因為，每個人看待色彩的方式，都各有不同。

吳爾芙，在另一方面又詳加敘述，在觀看席克特畫作的過程當中，那繽紛的色彩，又如何打動她的身心。色彩，經由雙眼，而更進一步觸動她的身心。這樣的一種感覺，正是「如同火箭在夜空中發射，而就在那一瞬間，點亮了那綠色的草地，與棕色的樹木，以及樹林中，那一隻白色的鳥兒」。如此一來，色彩非但是能夠「溫暖人，但是，在另一方面，卻又使人感到恐懼。色彩更加可以惹怒著觀者，似乎燃燒著內心那熊熊的火焰。最後消逝而去，使我疲累」。

吳爾芙更加評論席克特的人物肖像。尤其在欣賞完他的人物肖像畫作之後，不禁更加對他的畫風讚譽有加。而在其中，例如名人邱吉爾的畫像，席克特並非只是一味的仿造人物的長相。那肖像，彷彿是一個寧靜的瞬間，令觀者能夠參透邱吉爾無數的行動、思想以及言語。如此一來，吳爾芙便覺得，席克特如同作家一般，用畫筆「寫」出一本傳記，更使觀者能夠「讀」出一個人生。

而在另外一個方面，席克特，令我們看起來，似乎又像個小說家。有些畫作具有故事性，例如《玫瑰與瑪麗》（*Rose et Marie*）、《克莉斯汀買房子》（*Christine buys a house*）以及《艱困的時刻》（*A difficult moment*）。對吳爾芙而言，席克特畫中，那「一抹飄過旅店主人肩上的粉紅雲彩」，竟然能夠使她想起如此的畫面。

而這個畫面，就像「詩人在海邊的旅店遊蕩，漁夫們也都一股腦兒的，把閃亮的漁獲倒進籃子裏」。畫家胸中一切的情感，竟然也都能夠在瞬間凝聚，展現在畫布之中。席克的畫作，在吳爾芙的眼中，看來是如此的不凡、有力，更是令人激賞。由這一個論點，更能夠看得出來，席克特不僅可以被視為是一個畫家，他同時更能夠被看做是一位小說家、亦或是一位詩人。因為，席克特的畫作之中，他除了具備了相當的藝術眼光之外，更是透露出了那強烈的文學色彩。

吳爾芙，在席克特的繪畫之中，看見了文學的元素。藉由這樣的觀看方式，進一步的發揮，她也更加嘗試著，在作家們的作品裏，例如亨利・詹姆斯，以及普魯斯特的寫作之中，解讀出繪畫的元素。在這個過程當中，她更加能夠了解，文學與視覺藝術之間的緊密關係。

在〈小說的藝術〉（'The Art of Fiction'）這一篇文章之中，吳爾芙也同樣的，進一步指出，佛斯特對詹姆斯作品的評語，實在是不大公平。原因在於，詹姆斯小說中的人物、故事、以及情節等等，皆不符合一般小說寫作的模式。

在佛斯特看來，因為詹姆斯的手法太過於「美學化」（aesthetic），實在不禁令人感覺到脫離現實。然而，對吳爾芙而言，詹姆斯的寫作技巧，自然也是有其特定的紋理可循。因為，那個由文字呈現出來的美感，來自於對人類情感，在其思維過程之中，所呈現出來的精細描繪。進而，使小說（novel）這一個文類，晉升而成為一門藝術。

在普魯斯特的作品之中，在在顯示出了視覺美學與真實生活的融合，以及其平衡。寫作之中，人物的內心情感，和那豐富與戲劇性的變化，竟然也是可以如此的個人化、如此細緻，進而呈現出普魯斯特本身，從觀看繪畫的過程當中，所吸取的靈感。這一個論點，也正是吳爾芙深深的受其作品吸引的原因。「視覺」（vision），讓那美感顯現在寫作之中。正是那觀察的雙眼，在紙上釋放出那細微的，不可知的內心深處。

普魯斯特，在他的作品當中，描繪出筆下人物之間的回憶過往，藉此建立起他自己的一片文學王國。回憶，如同一幅幅的畫片般，在一頁一頁的紙張上，藉著文字鋪陳展開。情感與記憶，藉由視覺上可見物體的顏色、線條以及形狀，鋪陳為一個接著一個的影像，用以回應生命中，某個特別的剎那。就在這樣的一個特別時刻，一切的物件，頓時都似乎失去了它們既有的樣貌。在普魯斯特的筆下，這可見的世界，變成了一個又一個的象徵符號，更加承載著多重的暗示與意義。

吳爾芙的〈繪畫〉（'Pictures'）一文，也是她抒發創作理念的好例子。「作家們」，如同吳爾芙所言，「應該開始使用他們的雙眼」，來琢磨不同的寫作技巧。畫家之眼（the eye of the painter），特別關注於某一個特定的點，來展現其獨特的藝術眼光。作家亦然是可用這個特定的點（spot），這個眼睛察覺到的細微之處，來察覺光影以及顏色的變化，更加以豐富作家們的思考。而這一個特定的點，點亮了小說中人物的思考過程。如此一來，這一個特定的點，更加使得那如同在「黑暗蝙蝠洞」之中的思緒，由一種前所未見的方式，呈現在讀者的眼前。

正如吳爾芙所注意到的，在普魯斯特的作品當中，人物的內心情緒，是可以如此的被展現。「如果，我們想要了解一位年輕男士，對於坐在歌劇院樓下包廂，某位女士的感情」，對吳爾芙而言，「一個好的作家，就這一點看來，必定不只是描述一位女士的衣裳，看起來如何如何。而是，藉由一位男士的內心之中對於這外在世界的反應，來傳達他內心底層，那不為外人所知的情感」。

由此同時，外在的色彩以及形狀，必定是承載了那些肉眼所不能見的思緒。在這之前，那思緒，正如同倒吊的蝙蝠一般，在那山洞之中暗不可見。因為，不論是畫家，亦或是作家，都試圖以那敏銳的視覺，將內心的情感得以具象化。所謂的「後印象主義」，它真正帶出來的概念，乃是一種原始，亦或是，那近乎動物性的直覺。色彩以及形式，不斷的建構，也表達出內在與外在的和諧。總而言之，內心世界與外在世界的和諧表現，才是寫作臻於真正的藝術之境，而不是只有玩弄紙上的文字技巧。

例如，在吳爾芙的小說，《燈塔行》（*To the Lighthouse*）之中，畫家莉莉的「紫色金字塔」，正是個顯著的形狀（significant form）。那「紫色金字塔」，正可以作為一種象徵，用來表達母子關係。就此看來，吳爾芙是作家中的「畫家」（painter-in-writer，正如詹姆斯以及普魯斯特）。鄧肯及席克特，在另外一方面而言，乃是畫家之中的「作家」（writer-in-painter）。這兩組看似不同形態的創作方式竟然也都互相關聯，也都各自點出了現代主義的精義。

吳爾芙的「二元目光」與都市空間

吳爾芙本身，相當看重普魯斯特作品之中的如畫情境。而這樣的一個意境，正如同在閱讀的過程之中，細細的品味那些歷久彌新的時刻。例如──那印象的、感官的、回憶的、想像的，以及慾望的。普魯斯特的作品，那一部於一九二二年出版的《追憶似水年華》（*Á la Recherch du Temps Perdu*）之中的敘事者，「我」，所描述的如畫意象，集合了肉眼（the naked eye）以及心眼（the mind's eye）。由此，無數的印象，進而由腦海之中浮現，更加能夠由寫作之中，展現出那些視覺上的印象。

克萊夫・貝爾，在《普魯斯特》（*Proust*）一書之中亦說明了，這些經由書寫之中，所表達出來的「印象」（impression），主要是有關「回憶」。然而，這所謂的「印象」，可以是「一件很簡單的小事」。例如說，「一口瑪德蓮小餅的滋味」、以及「電梯上升或是下降的喀嚓聲」、亦或是，那「沒綁好的鞋帶」。而這些簡單的小事，都足以讓那回憶，

「如海中水怪」一般，悄悄的浮上心頭。

普魯斯特的文字，給予了這些過往的回憶，一個個鮮明的「印象」。如此一來，那一頁又一頁的回憶，令讀者讀起來，就像是一幅接著一幅的圖畫。「印象」，藉由文字，賦予那一頁又一頁的回憶，一種個人的私密情感，重現那個特定時刻的感動。那記憶之中流動的「時光」，正隨著那讀者的視線，緩慢而流暢的，流動在文字和標點之間。

然而，同一個時刻所引發的回憶，並不只一個。而這樣的感覺，就像是「鳥瞰」及「近看」那時間與空間。正好，也像是普魯斯特所說的，那「回憶」的感覺，就像是半夢半醒之時，那意識的流動，由一個場景變換到了另外一個場景。這樣的意識流動，宛如重現了人物的一舉一動。「印象」，將回憶與情感視覺化，彷彿那雙腳，在記憶之中，由一個房間，踏到另外一個房間。

文字，進而創造出一連串視覺影像，賦予人、事、物獨特的情感以及意識。在作家筆下的人物意識之中，回憶，開啟了一扇扇象徵性的門。讀者也似乎跟隨著人物的腳步，踏入了象徵性的場景。除了透過「畫家之眼」以外，在吳爾芙的寫作之中，讀者也可以看得出，一種專屬於她的風格——那可以被稱之為「二元目光」（dual vision）的寫作技巧。

吳爾芙在她自己的寫作之中，第一次提到「二元目光」，並且給予它一個特別的定義。在那一九二九年所出版的文章，〈小說面面觀〉（'Phases of Fiction'）之中，讀者們可以找到其意義。那凝視的目光，有著詩人一般的憐憫。但是，在此同時，卻又帶有一種，如科學家一般的冷靜以及敏銳，屆時又將情感擺在一旁。

內心裏的圖像，正如同那一片片的拼圖一般，充滿著各種不同的形貌，以及樣式，更加上數以千計的情感脈絡。情感是如此的複雜，使觀者更難以拼湊內心的影像。而那回憶，正如同那大海裏的浪花一般，不時打到心頭的岸上來。而那腦海之中的思緒，正如同那洶湧的海潮一般，由那細微之處逐漸形成，更加激盪著在觀者的目光之前。那無數的現實狀況，不斷的將過往的回憶搬上眼前。吳爾芙寫作之中的「二元目光」寫作技巧，就以上提到的論點看來，竟然也恰好闡釋了，普魯斯特以及詹姆斯的作品之中，那主要人物們的複雜性格。

在〈小說面面觀〉之中，吳爾芙也更進一步的提到，普魯斯特以及詹姆斯兩位作家，其寫作風格亦各自有其不同之處。由吳爾芙看起來，詹姆斯筆下，所創造的小說世界，感覺起來就像是一個信封，細密而小心的，網羅了一個獨特的天地。而這一個獨特的小說世界，並非只是強加一種單一的思考方式，於讀者眼前。詹姆斯運用其寫作技巧，令他的讀者們更加能夠看出，他那筆下人物的意識流動，在在代表了那人物對於自身所處環境的內心思考與反應。

在詹姆斯所創造的小說世界裏，就在那一個獨特的天地當中，讀者們所能夠看到的是，在小說之中，一個主要人物腦海裏，那觀看、思考以及感覺周遭事物的過程。藉由詹姆斯的文字，讀者們更能夠看得到，主要人物腦海中的思緒以及反應。那樣一種閱讀的感覺，正如讀者們看著一種內心戲上演。在詹姆斯那戲劇化（dramatising）的寫作手法當中，反映出他筆下的主要人物如何看待他人，以及他又如何被其他人所看待。這樣子二元的內心戲，也正好突顯出一個辯證化的進程，融合著人物的內心與外在世界。

吳爾芙的「二元目光」寫作技巧，其靈感似乎是得自於普魯斯特以及詹姆斯兩位作家。然而，我也發現，吳爾芙的寫作技巧，更與班雅明的「城市漫遊者」（the flâneur）有密切的關係。「城市漫遊者」這個人物，在波特萊爾的作品中，被用來描述一個詩人的形象，漫步在十九世紀的巴黎。這樣的一個詩人形象，代表了城市生活的美學——進而以「二元目光」的寫作技巧，表現於「城市漫遊者」的視覺經驗之中。

那漫遊於城市之中的目光，似乎是一種縝密的觀察。但在此同時，卻又帶有謎樣一般的詩情。也因此，城市漫遊者的身份，就這一個論點上看起來，似乎應該是多重的。他不但是一位詩人，同時更像是一個偵探，遊走在城市的街道與巷弄之間。就如同社會觀察家一般，「城市漫遊者」不只是一個歷史名詞，它更代表著一個重要的觀看方式。

在一八六三年版的〈現代生活的畫家〉之中，法國詩人波特萊爾（Charles Baudelaire），則運用「城市漫遊者」這個角色，來為藝術家代言。對波特萊爾而言，畫家的創造力與原創性，進一步塑造了時代的精神。「城市漫遊者」這個角色，自然而然的，也就順理成章的指出了現代性的特徵——那大街上那人來人往的景象，便也就藉由詩人的筆下，彰顯出了那城市之中的現代化景象。

康斯坦丁的畫作，正好顯現了「城市漫遊者」的藝術眼光，以及其澎湃的詩情。他就如同一位在精神與性靈上，隸屬於「全世界」之人。他對於全世界所發生的事情，都抱有極大的興趣，正如同他想要知道，以及了解宇宙之間，那些正在發生的所有事物。全世界，如果就這樣看起來，似乎都成了他的「國家」。

「城市漫遊者」遊走在街道之上，在人來人往的群眾之中。他凝視的目光，投向那身邊的群眾。同時，也更加的反映出了他個人的思維。波特萊爾也點出，群眾之於「城市漫遊者」的重要性，正如同鳥兒需要樹木青山，以及魚兒需要綠水一般。

走入城市之中，也彷彿走入個人的歷史，個人的童年，與個人的回憶。那樣的感覺，正如同班雅明自己，遊走在巴黎這座城市裏，就好像重新經歷了自己在柏林的孩提時代。在城市裏，那無數的細微之處，都充滿了無數情感的血脈，令人「充滿激情地看著，同時卻又得冷靜地加以分析」。而那漫遊者的「二元視覺」，如此一來，正點出了波特萊爾對那偉大的城市巴黎，所投注的美學觀。此一目光，使詩人變成了「宇宙的公民」，而在精神上，更與萬物緊緊相連。

文學評論家華特・班雅明（Walter Benjamin），更進一步的，將城市比喻為「四面牆所形成之房間」（four-walled rooms）。如此的比喻，自然是非常恰當的，形容漫遊者在其中的悠遊自在。城市漫遊者，漫步於街道上，也走入自己的童年。然而，每一座城市，自然也有著它獨特的歷史。城市漫遊者，也從行走在城市之中，這樣的一個經驗裏，「讀取」、也「學習」著城市裏的所見所聞，宛如感受著一本偉大的著作。外在視覺所見的一切，竟然也都如同有了生命一般，使觀者有了「被看」、成了「客體」的感覺。在此凝視（gaze）之間，個人的生命以及歷史，便進一步的，與城市的大歷史，結合為一體。

雖然，「女性」的城市漫遊者，在男性作家的作品之中，幾乎不存在。但是，女性的城市漫遊者，肯定存在吳爾芙的作品之中。如此一來，證明讀者在吳爾芙的寫作之中，也可以看得出，女性不只是「被看」的客體。例如，吳爾芙著名的小說，《達洛維夫人》（*Mrs. Dalloway*）之中的克蕾莉莎（Clarissa），即展現了女性的城市漫遊者，行動上的便利，以及主動觀看的自由。女性的城市漫遊者，甚至建構了新的社群體系，在城市中亦發是自成一格。

又例如，另一位女性的城市漫遊者，凱薩琳（Katharine），在小說《日與夜》（*Night and Day*）之中，亦更加展現她的「情感倫敦」

（emotional London），尋求真愛，以及自我的肯定。女主角艾琳諾（Eleanor），在吳爾芙的另外一部小說，《歲歲年年》（*The Years*）之中，也更加有著一套，屬於她自己的觀看方式。作為一個女性的城市漫遊者，艾琳諾更是透過觀看，在她的日常生活之中，亦發的融合了內心世界，使得她所眼見的倫敦城市，不斷的呼應著她個人的情感以及回憶。

一座城市，自然即是塑造出女性觀者的最佳地點。女性的目光，展現了獨特的觀看方式以及情感，而不需受男性的傳統束縛。正如吳爾芙，在《一個人的房間》（*A Room of One's Own*）之中所言，女性們也有權力，來追求經濟以及思想獨立的自由。女性作家們，更可以加以嘗試新的文類（genre），更進一步的利用文字，來探索那男性作家未曾到過的領域。作為一個「界外者」（outsider），女性們並不屬於男性的權力一脈相承系統之中。正如卡萊爾（Carlyle）的房子，它乃是卡萊爾夫人（Mrs. Carlyle）的「私密空間」，但也是她與丈夫作家卡萊爾的「戰場」。

當吳爾芙看著卡萊爾夫人的畫像，她注意到的，不只是她那優雅的坐姿、絲綢衣裳以及其豪華的座椅。不同於一般人，吳爾芙這一位女性作家，看到了卡萊爾夫人那異常削瘦的雙頰，更加上她的畫像中，那雙眼之深處，所流露出來的辛酸。這些，都是過度操勞所致——看看那地下的塵埃、那水槽之中的頑垢以及污漬。這一切的一切，都不是愛與才智，所能夠克服的。儘管，他們夫婦倆人，都非常深愛著對方。而且，卡萊爾夫婦倆人，也都極度聰明。卡萊爾夫人，免不了還是個家庭主婦。那些擦擦洗洗的瑣碎工作，把她的私領域，變成了男性與女性之間，權力結構的「戰場」。

對吳爾芙而言，「家中天使」（The Angel in the House）毀掉了女性的前途——她永遠不可能是個作家、音樂家或者是畫家。「家」中「天使」，使女性永遠置身於男性的權力中心之外。但是，女性究竟是什麼？置身「事」外，能讓她產生新的見解及看法嗎？

〈III〉寫作中的畫家之眼

吳爾芙與亨利・詹姆斯

吳爾芙學習了亨利・詹姆斯的寫作手法，更進一步運用畫家之眼（the eye of the painter），來描繪以及呈現，寫作之中人物的心理狀態。畫家之眼的寫作手法，自然是可以投射人物，藉由肉眼所見到的倫敦，而來進一步闡釋其情感的狀態。當然，在詹姆斯筆下的巴黎，其中的描繪手法，自然而然的，是與吳爾芙寫作之中的倫敦，大有著許多的不同之處。

但是，這一切的一切，都要從文學，以及繪畫之中的「印象」（impression）說起。明亮的巴黎日光，在史卻瑟（Strether）的眼中，以及意識之中流動。史卻瑟的目光流動，令著巴黎的所見景物，有著迷樣的光影變化。充滿著異國情調的巴黎人、事、物，衝擊著，也刺激著史卻瑟的目光，更加牽引了他在美國波士頓的回憶。

然而，這過往的回憶，卻又不斷的，與史卻瑟在巴黎的現在，在《大使》（The Ambassadors）這一部小說之中，互相的交會融合。然而，吳爾芙她筆下的倫敦所運用的，則是「後印象派」（post-impressionist）的畫風。其中，吳爾芙她筆下的倫敦，與詹姆斯寫作之中的巴黎，最為顯著的差異在於，吳爾芙使用顏色、線條以及形體，突顯出人物的內心情感，而非刻意來描繪視線之中，物體的外在樣貌，正如吳爾芙所出版的第二本小說，《日與夜》（*Night and Day*）之中，所展現的。

威廉・詹姆斯（William James）乃是亨利・詹姆斯的兄長。他對於人類心理，以及精神分析方面的看法，可以幫助讀者們進一步的了解，文學之中的印象派，以及文學之中的後印象派，這其中那可循的脈絡。威廉・詹姆斯的研究方法，竟然與達爾文所謂的「物競天擇」，有著異曲同工之妙。威廉・詹姆斯主張，人腦的思考方式，是圖畫，以及圖像式的。因此，意識（consciousness）會主動的來選擇（select）主體所想記得的，亦或是想知道的事物。威廉・詹姆斯，同時也在他的理論中，運用了有如圖像一般的描述方式。這個方式也同時，解釋了內心圖像如何呈現，正如同那畫家畫布上的顏色，進一步的來呈現心裏的感覺。

主體意識裏所知的「草」，就如窗外陽光下的草坪一樣「綠」，就連陰影下的草，也是意識裏所「知道」的綠色。印象派畫家，自然而然的，便將那陰影下的草坪，畫成深棕色的，正如同他眼睛所見得到的。感官所得到的刺激——不論是視覺、聽覺、味覺、觸覺，亦或是嗅覺等等，未必與主體意識裏所知道的相同。

畫家他那敏銳的雙眼，例如莫內（Monet），捕捉了那光影的變化（the play of light and shade），進而成就了印象派。但是，後印象派畫家們所描繪的感官，卻更加為個人化。如此一來，也越發的顯示出情緒——就像「外在所見亮眼的色彩，也可以是無趣的。鳥兒的叫聲，也可以是詭異的。微風在哀嚎，天空也可以是悲傷的」。

吳爾芙對亨利・詹姆斯的寫作技巧，也是有作文章回應。亨利・詹姆斯的小說之中，對於人物的「所知」與「所感」，其描寫非常鉅細靡遺。好像整部小說，就是其「所知」與「所感」之「過程」（process of vision）。

「印象主義」，顯然引發了亨利・詹姆斯的文學理論，進一步的，在寫作之中，也植入了他個人特殊的美學觀點，使小說寫作，也在此同時，成為一門「藝術」（a form of fine arts）。小說家並非只是寫出一些「讓人置信」的故事。小說，作為一種創新的文類，是必須反映現實生活——

但是，那所謂的現實生活，並不是那每天吃飯、睡覺，亦或是那一成不變的生活，而是那心理層面的活動——包括人物的內在思想以及情感。藝術的功能，則是用來表現人物內心的這個思想以及情感「真實面」。如此一來，繪畫與小說，也具有異曲同工之妙，也進而互相成就了對方。

亨利．詹姆斯的文學印象主義，從他的寫作之中可以看得出來，主要有二個層面。《大使》之中的視覺圖像，展現了詹姆斯的文學寫作風格。再者，他的「意識中心」，在文學印象主義之中，也有著極為重要的貢獻。外在世界之中，那視覺可見的物體，被意識所認知，進而也被眼睛所見，而凝結成為腦海之中的「印象」。此亦為小說人物，在故事的鋪陳敘事之中，發現事實真相的方式。「印象」展現觀看與認知，那合而為一的瞬間，也是亨利．詹姆斯鋪陳寫作中視覺圖像的技巧。

然而，亨利．詹姆斯的倫敦，相較於他筆下閃亮的巴黎，竟有著很大的不同。陽光之下的巴黎，如同一枚閃亮的珠寶。小說《大使》之中的景致，也如同那印象派畫作，漸漸的描繪出那參透事實的一刻——「男紳士划槳，小船隻中坐著的那位女士，有著一把粉紅色的陽傘」。這一段描述，也暗示著二人之間的韻事。

然而，在另一方面，倫敦的光彩，並非如同巴黎這座城市，那一般眩目。但是，倫敦卻有著她獨特的美感，就如同那灰暗天空底下的博物館，以及美術館，所帶來的藝術氣息。亨利・詹姆斯在《英倫時光》（*English Hours*）之中，把文學印象主義，也進一步的，用在他的倫敦散文之中。

這個城市的四季，如此一來，也各有其散文代表。例如，〈倫敦一瞥〉（'London Sights', 10 November 1875）、〈英倫復活節〉（'An English Easter', 1877）、〈倫敦仲夏〉（'London at Midsummer', 1877）以及〈靜謐時節〉（'London in the Dead Season', 7 September 1878）。這些散文，在在顯示著那城市的街景，也顯示出倫敦這座城市，如何使詹姆斯流連忘返。眾多的博物館以及美術館，更加彰顯出了倫敦的美，使得亨利・詹姆斯體會到那美學之「光」。

觀看的喜悅，使外在景物與內在認知，進而融合為一體，在那大腦意識之中，形成「印象」。倫敦，雖然是一座外國城市，但是，那感覺就如同家園一般熟悉。亨利・詹姆斯在倫敦街頭走著。在此同時，也想起兒時所學的歐洲歷史以及藝術。倫敦這一座城市，就像是那油畫一般的深綠、而且潮濕。太陽光線自那雲層之中穿透，由天空上方灑下，更加增添了豐富柔和的色調。氣流之中所創造的光影變化、濃霧以及光線的反射與折射，令人眩目。胸中的情感，也因此油然而生。

倫敦的藝術季（picture season），再一次的點亮了這個「陰暗巴比倫」。那城市之中的美學之光，更加令詹姆斯感到「印象深刻」。城市之中所隱含著藝術的深度，更使得倫敦有一種複雜之感，因其「富含生命，構成社會，感人的傳統，以及那城市的歷史」。這座城市的魅力，在於她的富含「暗示性」（suggestiveness）。而這「暗示性」，更是來自於城市其中的居民，那多樣化的人們心理變化，包括了理性以及感性。

吳爾芙在她的寫作之中，也進而指出，亨利・詹姆斯的旅行者目光，就如同那敏感的「底片」。在寫作中，也不斷顯示了許多當地人未必會注意到的細節。即使是英國本地的作家，也未必會覺得，這些地方上的小細節，竟然也是值得一書。這般旅行者的目光，有著一種影像記錄的態勢，冷冷靜靜看待周遭的一切。光是這一點，也是普羅本地人所做不到的。

倫敦景致所引發的心理層面，使吳爾芙認為，亨利・詹姆斯看到了這一座城市的內在「心理」，以及那歷史感。這一種感覺，正如同「一座小木屋門前，那不經意的，淡淡標示著的建造年代」。亨利・詹姆斯寫作之中的細緻之處，使得讀者們閱讀起來，既是喜悅又是驚嘆。對於吳爾芙而言，亨利・詹姆斯筆下的倫敦，竟然是如此「具有獨特魅力，而且又非常的真實」。如此的城市細節描繪，也更加顯示了亨利・詹姆斯，他那觀察目光的獨特。這樣的心緒，以及這樣的情感，對吳爾芙而言，是有如那個，發自由倫敦人們的內心深處，那個日日眼睛所見到，以及內心裏所熟知的城市。

吳爾芙的《日與夜》

《日與夜》（*Night and Day*）出版於一九一九年。這一部小說，乃是吳爾芙在其有生之年，所出版的第二本小說。然而，它經常是被眾多的評論家，視為吳爾芙的「失敗之作」（failure）。因為，對於某些評論家而言，它就像是英國小說傳統模式的重演，了無新意。其小說之中的內容，又是有關道德訓示。而這樣的題材，對於某些文學批評家來說，也是古老的如同珍・奧斯汀的《愛瑪》（*Jane Austen's Emma*），一點都看不出來，具有現代主義（Modernism）的精神。

事實上，我並不贊同一些過度簡單化的方式，來看待這一本小說。亦或者，只是一味的指責它的寫作模式太過於「傳統」。我將它視為吳爾芙本身，在於寫作上的嘗試（experiment）。藉由這樣的一種創新的寫作方式，吳爾芙也試圖來刻畫出倫敦的「情緒」（emotion）。在她的寫作過程之中，吳爾芙也試圖的來進一步整理出自己的心緒。

在塞克瑟斯（Sussex）的鄉村閒居，在那病床之上，吳爾芙靠著寫作這一部有關於倫敦的故事，用以維持清醒。這一本小說，則是她嘗試以繪畫之眼，貫通於寫作之上。而這樣的一種手法，則是「她可能在其健康狀況良好的時候」，所不大可能想到要去嘗試的。

《日與夜》這一本小說，竟然神奇的重整了吳爾芙的精神狀態。而這樣的感覺，也正如這座倫敦城，塑造成了她筆下的人物們，個個不同的情緒以及心理。不同的顏色以及形狀，和那線條，更加使得吳爾芙的寫作，貼近後印象主義的風格，在在顯示出，倫敦人們看待倫敦的方式。倫敦的街道，正如那人物們的情緒，不同的走向，亦宛如那畫布上的線條。

無論是那正方形的廣場，亦或是那橢圓形的臉蛋，這一切的一切，都被吳爾芙用來反映人物的內心感受。然而，吳爾芙的寫作方式，並非如同亨利・詹姆斯的「中心意識」（centre of consciousness），只是一味的內化，以及分析外在那肉眼所見得到的世界，而不是以內心感受，作為其出發點。

吳爾芙筆下的人物們，個個都是「主觀」的。他們並不像亨利・詹姆斯寫作之中的人物，那一般「客觀」。由這樣的一個論點上面看來，吳爾芙筆下的女性漫遊者們，更是一反那常態，將行走（walking）、思考

（thinking）以及觀看（looking）繪成倫敦這一座城市的「情緒地圖」（a map of emotions）。

吳爾芙利用維多利亞的雀兒喜場景（Chelsea），一反其地在英國文學傳統中的重要地位，把女主角凱薩琳（Katharine Hilbery），刻意的塑造成在那文學世家之中，一反常態的，擁有數學天份以及興趣的後代。然而，在另外一方面，凱薩琳的母親，也一味的，想替凱薩琳那有名的，死後葬在那西敏寺詩人之角（Westminster Abbey）的詩人祖父（Richard Alardyce）作傳。但是，讀者們也會發現，一直到小說的最後，凱薩琳的母親並未能成功。

凱薩琳漫步在倫敦的林肯（Lincoln's Inn Field），等待著她的愛人羅夫（Ralph）。林肯是位在候邦區（Holborn），那也正是倫敦的商業以及法律中心，象徵著新的一代倫敦人，追求那獨立自主的精神以及渴望。瑪麗・丹卻（Mary Datchet）工作的大英博物館區（British Museum）及羅索廣場區（Russell Square）象徵著女性追求獨立自主的精神，以及獨立自主的愛情。維多利亞時代的倫敦場景，就這一點看來，是完全的被改寫，也更加的被賦予新的意義。

倫敦的雀兒喜（Chalsea）這一個區域，變成了吳爾芙用來改寫文學傳統的場景。這是和她自己成長過程之中的切身經驗有關。吳爾芙，從海德公園二十二號（22 Hyde Park Gate）進而搬到了高登廣場四十六號（46 Gorden Square），象徵著自從父親過世之後，她如何來看待維多利亞傳統（Victorian tradition），藉此而來開展出寫作的一條新路。

鄧肯（Duncan）的畫作之中，也在在標示著布倫斯柏里小組的美學發展。他在一九一四及一九一五年之間的畫作，例如《室內，四十六號高登廣場》（*Interior, 46 Gorden Square*）、亦或是《高登廣場室內》（*Interior at Gorden Square*），皆具有抽象美感。鄧肯畫的是克萊夫以及凡妮莎・貝爾的家兼畫室。

在這之後，他們為了逃避那第一次世界大戰，而搬到查爾斯頓鄉間。鄧肯的這兩幅畫作，皆有著幾何圖形，其中描繪出來，克萊夫以及凡妮莎・貝爾的家中，一樓的兩個房間。數學似的幾何圖形，也暗示了《日與夜》之中，凱薩琳的純粹思想。凱薩琳強烈的熱愛著數學。光就這一點來看，凱薩琳不但一反她家庭裏的文學傳統，也更加顯示出，她特殊的一套看待倫敦的方式。

<Ⅳ> 時空之中的電影形式

《達洛維夫人》、柏格森與德勒茲

《達洛維夫人》（*Mrs. Dalloway*）的寫作手法，是十分「電影式」（cinematic）的。其中的原因在於，吳爾芙使用了巴黎前衛藝術家們的「多重視角」，如同那立體派藝術家們，表現出畫布上面，那同一個物體，在不同視角之下，所產生的樣貌。

藝術家們，在平面的二度空間畫布之上，描繪出那視覺上的三度空間。在電影之中，這個技巧也更加的被進一步運用。如此一來，透過物體的幾何形狀以及樣貌律動，電影之影像，也更加由此，來傳達出現代主義的意義。

吳爾芙筆下的人物們，個個也都具有那鮮明的性格。他們由內在，以及由外在被那敘事者所描述，也被那讀者們所觀察。吳爾芙透過多重視角，進而顯現人物他們的內在思想以及情感。而這內在情感，也更加的與外在律動（例如步行、和觀看），合而為一。

柏格森以及德勒茲的文學批評理論，更加可以幫助讀者們，在電影的時空背景之中，更進一步的了解吳爾芙。她的文學技巧，透露出了電影美學。在吳爾芙流暢的文字之中，將「律動影像」與「時間影像」融合，而進一步來呈現出，一種「全然的視覺狀態」。

電影之中的近看、倒敘以及蒙太奇等等的技巧，乃是吳爾芙所使用在其文字之中的技巧。如此一來，她不但點出人物們腦海之中的回憶。讀者們也更加可以了解，腦海之中的回憶，如何在人物們律動的現實之中呈現於意識之中。行走，也自然而然的，成為一種體驗時間的方式，創造出集合過去與現在的「時間影像」。

柏格森的「全然一刻」，表達了過去的記憶，以及它與那現實生活的連結。這一點，在現代主義之中，極為重要。它也是一種表達「內在律動」——例如思想、情感、還有那記憶的方式。「時間」乃是一個象徵性的手法，闡釋著內在情感與那外在感官的互動關係。

這即是「生活」，代表著內在記憶，由眼前的可見物體引發，而湧現於現在那「此時此刻」的真實。「全然一刻」，就像是一種心理狀態。隱隱約約的代表著，那過去與現在交會的那一個瞬間，過去的時間，由記憶之中，帶回到現在。這一個瞬間，使得剎那成為永恆，更加形成那腦海之中的影像（a mental image）。

「記憶」被「現在」的氣味、顏色或者是那聲音所觸動，也進一步的成為了「時間」的符號。藉著那一連串，內在以及外在的律動融合，使得「時間」成為一個不斷行進著的「過程」。柏格森在他的作品，《引介純粹哲學》之中，也更加的談到，有關於多重視角以及電影方面的問題。然而，我在這裏，更想將這一個論點，與立體派（cubism）的理論，進一步的來做連結。

柏格森，以一種直觀的方式，來看待多重視角。很顯然的，他並不希望將「電影」，與那不需要多加以思考的符號，視為同等。電影的潛力，乃是首先的，被立體派的藝術家們所發掘。他們並不見得都有唸過，或者是都了解那柏格森的著作。但是，他們卻都是有志一同的，在努力的探討時間與空間的關係。「時間」的概念，也因此，有著各種不同的面向。然而，我想要表達的是，在空間的運動之中，看見時間，則是一種直觀性的體驗。

對柏格森而言，小說中的人物，可以由外在世界的角度來描述——例如，他走路的樣子，以及他那說話的聲音，還有其他更多不同的面向。然而，就另外一方面而言，由內在的情感來看，讀者們也更加可以得到那「真正屬於其人物」的特質。在寫作之中，讀者們便也不難發現到，一旦聯合了內在以及那外在的多重視角，小說人物，便如同那立體派畫作以及電影一般，表現出律動影像之中的「時間」。

對德勒茲而言，「律動」，正是體現了現代生活的速度、以及科技發明。也是進一步的，改變了人們對於時間以及空間的體驗。德勒茲的「律動影像」與「時間影像」，也正好展現了柏格森的「直觀」，在那永恆的「進程」之中。

立體派，在此同時，也正好表現出了這個律動。時間的概念，如此一來，也彷彿凝結在那多重視角之中。

立體派的多重視角，也可以運用在電影形式之中，以畫面、和那攝影鏡頭來拍攝。物體被多重視角所切割，進而由那蒙太奇式的畫面呈現。多重視角，由這一個論點上看來，更加顯示出了，那觀者的移動視線，以及物體被看的時間性。多重視角也更加的顯示出了，移動視線之中的時間影像。

吳爾芙的寫作之中，也顯示出了相關手法，進而表現出文學創作的電影性。在〈仲夏遊經薩克薩斯〉（'Evening Over Sussex: Reflections in a Motor-car'）一文中，吳爾芙以文字記述了，她如何的坐在車上，而那車子行經海邊小路上，而她直接把目光望向窗外的景象。那車窗上的玻璃，似乎就如同是那攝影機鏡頭，反映了鄉村之間的景致，以及那敘事者的思緒。立體派的藝術技巧，竟然也有意無意的，融入了寫作之中。鄉村裏面的景色，也由四面八方湧來。然而在此同時，觀者「我」也分成了四個——坐著的「我」、「思考的我」、「第三個我」以及「我自己」。

那多重的「我」，表現出多重視角，道盡了一切時空的經歷——包括了過去、現在、未來，以及「那特別的一刻」。那多重的「我」的現在，指的是車子行走之時的此時此刻。一月份（January），這一年之中的第一個月，使得這「思考的我」，感到非常惆悵。正好也如同這「第三個我」，告訴「我自己」，車窗之外的景致，也就如同那時間流逝，更加如同那「車窗之外的道路，不斷的向後消失在眼前，也不斷的被遺忘，正是如同生命之中的時間，一點一點的消逝。

時間由一秒鐘，一分鐘，一小時，一天，一個月，一年接著一年的消逝」。街上的燈，忽然亮了起來。就在這一個瞬間，「我自己」也看到了星光。這來自過去的星光，與眼前的燈光，進一步的結合。「我自己」，也即在此，看到了未來。

俄國電影導演愛森斯坦（Sergei Eisenstein）在〈電影式的第四次元〉之中表示，蒙太奇的手法，乃是由一連串看似毫無相關的鏡頭，所進一步來組合並置而成的。吳爾芙的四個「我」，就如同四個視角一般，展示了行動之中，各種不同面向的時間。那天上星星的光線，以及那街上的燈光，在在結合了觀者的不同視角，物體的律動，以及時間。意識之中的思想，也如同一束快速閃過的光子，在特定的時刻之中，展現出視野。

吳爾芙與〈電影〉

克萊夫・貝爾在〈藝術與電影〉（'Art and the Cinema'）這一篇文章當中指出，電影很可能成為美學概念之中，美感實踐的新藝術形式。貝爾探討維多利亞時代的通俗劇，以及其與電影之間的差異。然而，在這一篇文章之中，值得注意的是，貝爾肯定電影《卡里加里博士的小屋》（*The Cabinet of Dr Caligari*）扮演的重要角色。

電影《卡里加里博士的小屋》，「是藝術家首次進行的表現主義蒙太奇實驗」。貝爾藉以畫家們，例如塞尚與畢卡索的畫作為例，試圖進一步的說明，一般人眼中所見到的外在視覺物件，在後印象派畫家們獨特眼光之中的詮釋之下，更加有著極大的改變。而那繪畫之中，新的視覺元素，正好也被藝術家們進一步的嘗試，利用在「電影」這門新的「視覺語言」（visual language）之上。這一個論點，也再一次的證明了，這些繪畫以及那電影的影像，並非只是「忠實的來呈現」視覺物件在觀者們的眼中，所見到的樣子。

雖然，攝影術（photography）使得維多利亞時代（the Victorian period）的意識形態，將繪畫視為仿造自然景物的觀念（coping nature），從此不再興盛。但是，就另外一個角度而言，攝影術卻也間接的導致觀者們，與「最粗糙的維多利亞時代通俗劇」來相連。

維多利亞時代的通俗劇，大約在一九〇〇年出現。因為，通俗劇裏面，那劇中角色無法表現出人性的微妙之處。在這個階段，普遍的觀眾們都認為，看電影是「不需要動用到一丁點的腦力」。也正是因為這樣的一個意識形態，電影之中的影像，也因而尚未發揮其「視覺方面」的潛力。

一直到《卡里加里》這一部片子問世，這種情況才慢慢的有所改變。在電影表現形式的發展過程當中，《卡里加里》的地位，也越發顯得相當重要。這部電影，透過其特殊的電影佈景安排，將觀者的大腦與視覺做連結，進而引發觀者內心的情緒。

電影之中的佈景，間接的來製造氣氛，讓觀眾們也更加能夠來體會，電影之中角色們的心理狀態。貝爾對於《卡里加里》之中，佈景的評價非常高。原因在於，電影佈景在某一些關鍵的時刻，對於角色心理狀態的強調，「就電影所需要的某些戲劇性而言，是正確的」。

電影佈景，也進一步的，構成了某種抽象的表現形式。那帶給觀眾的感覺，正是如同那「最高等的數學」，讓《卡里加里》不同於維多利亞時代的通俗劇，也更進一步的改變了觀眾們對於電影的看法。

吳爾芙的〈電影〉（'The Cinema'）這一篇文章，檢視文學、電影與人類情感之間的關係。就這一個論點上看來，吳爾芙的文章，也正是恰到好處的，進一步的闡述了貝爾先前，在〈藝術與電影〉這一篇文章之中的觀點。〈電影〉一文，在一九二六年，自從六月到八月，短短三個月之中，同時在於不同的情況以及媒體之下，竟然獲得了許多次發表的機會。

第一次的發表，是在一九二六年六月，紐約的《藝術》（*Arts*）雜誌。第二次的發表，乃是在一九二六年七月，《國民與文學協會》（*Nation and Athenaeum*）雜誌，加以轉載。以及第三次，是在一九二六年八月《新共和》（*New Republic*）雜誌之中，以〈電影與現實〉（'The Movie and Reality'）作為一個新的文章名稱，再一次的重新刊載。

刊登〈電影〉這篇文章的雜誌，類型之廣，也在在的「顯示了在一九二〇年代的文學期刊、政治報紙與媒體、藝術雜誌，以及那眾多的商業刊物之中，電影理論，正好處於一個跨學科的位置」。〈電影〉這一篇文章的重要性，就這一個論點上面看起來，也是數一數二的。因為，這一篇文章，乃是進一步的闡述了，吳爾芙在文學以及電影相關領域之間的美學標準。不同色調的光影變化以及對比，更加傳達出了人類情感的錯綜複雜性，也因此說明了視覺與語言的關係。

《卡里加里》這一部電影，最初是在一九一九年，於德國製作完成。倫敦電影學會（London Film Society）在一九二六年三月十四日，星期日下午的三點三十分，播出了這部電影在倫敦的首映。一九二六年九月十五日，吉勃特・塞爾德斯（Gilbert Seldes）在《新共和》雜誌之中評論道，吳爾芙「並不十分了解巴黎『抽象電影』（abstract film）」。

我個人認為，塞爾德斯的這個意見，並不是很公平。原因是在於，吳爾芙確實認識「新視覺語言」（new visual language），在電影美學之中的無限潛力。

《卡里加里》這一部電影之中的色彩，並非僅僅是為了著色的目的。這些色彩所激發出來，人物角色之中，強烈的內心情感，這才是主要觀察的重點。例如，紫色，代表著女主角珍（Jane）在她的家裏，所感受到的焦慮感。另外，傍晚神秘的氣氛，以及那謀殺的場景，是一種冰冷的藍色，營造出那詭異與神秘的氣氛。

然而，其中有趣的是，雖然塞爾德斯在他的文章〈抽象電影〉（'The Abstract Movie'）之中，批判吳爾芙不懂電影。但是，弔詭的是，他卻也認同了吳爾芙的觀點。塞爾德斯在他的文章之中，也進一步的提到，《卡里加里》電影之中，倒也「並非總是仰賴人物的動作」，來表現情感。相反的是，電影之中的佈景，例如那——閣樓或是窗戶的「外形」，還有，那蜿蜒的「樓層、斜坡，以及那路上的彎道」等等的細節——都表現出了「情感強度」。

對於吳爾芙而言，電影《安娜・卡列妮娜》（*Anna Karenina*），與托爾斯泰（Tolstoy）的小說文字，其實搭連不在一起。吳爾芙透過閱讀托爾斯泰的作品，來更進一步的了解安娜——包括她的魅力、她的熱情與她的絕望。然而，電影本身，卻未必能夠確切的來傳達安娜的情感。觀眾們，根據吳爾芙的觀察，在螢幕上看到的是一位女士，「穿著黑色天鵝絨衣服，還戴著一條珍珠項鍊」。

但是，無論是珍珠項鍊，或著是那天鵝絨衣服，都無法真正的來表現出，安娜她到底是個什麼樣的人。在這樣的情況之下，其實任何人都好像可以是安娜。或者說，那電影之中，安娜的裝扮，甚至可以說是「維多利亞女王」（Queen Victoria）。

黑色天鵝絨衣服，或者是那珍珠項鍊，在在都代表著一種，眼睛所能看得到的電影視覺語言。例如，「親吻象徵愛情」、或是那「打破掉的杯子代表妒忌」，還有那「露齒而笑代表著快樂」。對於吳爾芙而言，這些看起來太過簡單的電影視覺語言，其實都未能夠顯現出，電影之中，那某一個特別的，具有情感強度的「時刻」。

尤其在電影《卡里加里》之中，這一個具有情感強度的時刻，「似乎體現了這一個瘋子，他的腦海之中的，某種可怕又病態的幻想」。電影之中的視覺語言，更加的讓那幻想以及情感得以顯現。在這個時刻，更加透過那一團黑影，而加以具象化。例如，那「形狀近似蝌蚪」的一大片陰影，竟然「突然出現在螢幕的一角」。

觀眾們可以清楚的看到，那一團黑影「抖動、擴大，而後又往回縮」。在電影的螢幕上，這一片蝌蚪狀的陰影，乃是一個十分重要的視覺符號。它讓觀眾們能夠想像兇手西薩的存在，而不用真正的看到他。艾倫閣樓牆上的陰影，乃是西薩的影子，以雙手持刀刺向艾倫。這片黑色的蝌蚪狀陰影，完全激發出了「恐懼」的感覺，比直言「我好怕」，更能夠刺激觀眾的想像力。

《卡里加里》這一部電影，是由梅耶（C. Mayer）以及亞諾維茲（H. Janowitz）共同來撰寫劇本。在這之後，並且由羅伯特・威恩（Robert Wiene）導演，並由德克拉公司（Decla）於一九二〇年二月發行。緊接著，在德國的柏林大理石劇院（the Berlin Marmorhaus），首次公開放映。正如同伊恩・羅勃茲（Ian Roberts）指出，在第一次世界大戰結束之後的十年之中，《卡里加里》這一部電影的發行以及首映，就其政治意涵與表現主義風格的展現而言，都具有極為重要的意涵。

根據齊格弗里德・克拉考爾（Siegfried Kracauer）的看法，《卡里加里》這部當時最廣受討論的電影，代表了戰後德國的政治情況，亦即一種「恐怖的遠景」。卡里加里博士本身，代表著那操縱權力、渴望支配一切的當權者。他站在瘋人院的階梯頂端，象徵著他位於統治階層的頂端，預告了希特勒的崛起，「迫使普羅大眾都要當成他的工具，依照他的意願來行事」。

《卡里加里》塑造出一種恐怖的氛圍。人們在慌亂之中，不停的搖擺於暴政與混亂之間。所謂的「卡里加里風格」，帶有一種批判「國家當權者，經由大量徵兵與宣戰來證明自己」。影片之中，呈現出一個混亂的世界。無論是就社會架構而言，還是就人們的內心來看，一切都處於一種失序狀態。

《卡里加里》電影的佈景，透過顏色與形狀，將外在那眼睛可見的實物，轉變成為內在情感的抒發。光影的變化，建立起心理活動的模式。抽象幾何的構圖，乃是這部電影的美學形式。德國表現主義（German Expressionism），如此一來，很快的便流傳至其他國家。

自大約一九二四年開始，費爾南・雷捷（Fernand L ger）與瑞納・克萊爾（R ne Clair）等等的法國藝術家們，就開始「製作電影……趨向展現機械零件的井然有序之美，以及以各種物件和動作構築出來的，一種超現實主義的夢」。藝術家們，創造出來一個超現實的世界，將想像力轉化為目光所見到的一切，構成了一首影像的視覺交響曲。

《卡里加里》的電影佈景，是由「風暴小組」（the Sturm group）的三名成員所共同設計的，亦即赫曼・渥姆（Hermann Warm）、華特・羅里格（Walter Röhrig）與華特‧雷曼（Walter Reimann）。不同的房間、街道以及那建築物，並非只是單純的背景而已。電影佈景創造出一個新的空間，它是用來象徵電影之中，角色們的心靈。

電影佈景營造出一種抽象的感覺，更加是讓觀眾們進一步的感受出那陰鬱而且神秘的氣氛。扭曲的階梯以及道路，讓人們感受到恐懼。彎道與牆壁的傾斜線條，更是製造出一種幽閉的效果。那暗色的陰影，更是由內而外的，突顯出電影人物角色們，內心深處的狀態，更無須再現外在視覺物件的確切模樣。

吳爾芙認為，雖然，電影可以說是一門最新的藝術形式。但是，它出現的時間點，其實便已經證明了，它「充滿了其他藝術形式的包袱」。電影承襲了其他藝術形式的傳統與技巧，並非憑空產生。正是如同那立體派畫家們，創造了在電影的影像之中，實驗新的視覺語言的可能性。

在第一次大戰之前，表現主義的繪畫，便都已經歷過它的全盛時期。此外，《卡里加里》這一部電影的怪異主題，亦即那卡里加里博士的分裂人格（他同時是那表演者與一名科學家），乃是根據那哥德風故事。這個分裂人格的角色，乃是源自於十九世紀的浪漫主義文學，或者甚至是更早的時期。

卡里加里博士這個角色，有如電影界裏頭的浮士德。其電影的主題是，「分裂的自我以及……追求更高的知識」。舒納曼（Dietrich Scheunemann）認為，這些類型的角色「不但受到了自己的影子，也就是那第二自我所困惑」。

正如同吳爾芙所主張的，電影並非僅僅透過典型，或是那寫實的方式，來表現生命，就像是「簡單的拍下那真實人生」。情感應該透過抽象的方式表達。例如，「生氣」的情緒無法僅憑肢體表現，正如「面紅耳赤以及握緊拳頭」。

人們的內心情緒，可以藉由電影的影像，來引發聯想。除此之外，更加可以運用抽象的事物，或許是那「一條在白紙上扭動的黑線」來傳達。換句話說，電影必須避免採用「我的情人宛如一朵嬌豔的紅玫瑰」，或是諸如此類等等的簡單語言，來傳達一種愛的情緒。

換而言之，電影的視覺語言，不應該是那麼樣的「原始」，就如同那一連串「不需要用頭腦來思考」的影像。電影反而更應該讓人們的幻想延伸，使得那腦海之中的影像，進而成為那某種「會在睡覺之時造訪，或是在那昏暗的房間裏成形」的某樣東西。

電影是現代藝術的一種形式。關於電影的論述，在吳爾芙的時代便開始發展。經由吳爾芙的文章〈電影〉，讀者們也進而可以看得出來，它跨越了所謂「文學」或者是「藝術」學科的界線，也進一步的，為整個美學理論，創造出了多樣性的面向。

〈電影〉表達吳爾芙對美學與理論的興趣。電影這一門藝術，更加是促使她探索視覺藝術，運用在文學技巧方面的某一種可能性。吳爾芙的這一篇探討電影的文章，更加可以解讀為，有助於她的文學實踐。也更加進一步，說明了文本、情感、空間、時間與記憶的關係。

〈V〉寫作中的攝影術

終極而言，攝影術最具有顛覆力之時，
是當它開始思考的時候。

——羅蘭巴特，《描像器》

攝影以及女性形像

吳爾芙運用攝影技巧於寫作之中，重新定義性別及女性。在這個章節之中，我想要把重心放在女性形像的討論上。尤其在〈艾倫泰瑞〉（'Ellen Terry'）這一篇文章之中，讀者們也能夠發現到，吳爾芙對於維多利亞時期，人們普遍的視女性為「被看物件」（viewing object, gazee）的這個觀點，有所反思。

透過維多利亞時期的著名女演員，艾倫泰瑞，吳爾芙想進一步的，揭示出了女性的創造力。事情的起因，是這樣的。為了慶祝安潔莉卡・貝爾的生日（Angelica Bell，乃是Vanessa Bell以及Duncan Grant的非婚生女兒。但是，這個秘密一直到安潔莉卡長大之後，才告知她，Clive Bell並不是她的親生父親），吳爾芙的劇作，《淡海：喜劇》（*Freshwater: A Comedy*），在一九三五年一月十八日晚上，於凡妮莎位在費茲羅伊街八號（8 Fitzroy Street）的倫敦畫室上演。觀眾們笑聲不斷，充滿著玩樂的心情。其中，更有評論家指出，克萊夫・貝爾的大笑聲，乃是整場不斷，尤其是令在場的所有觀眾們，印象深刻。

然而，此喜劇，並非如同大家表面上所看到的，如此簡單，彷彿一切都可以大笑置之。利用艾倫泰瑞作為模特兒，卡麥蓉（Julia Margaret Cameron，吳爾芙的曾姨媽）以及但尼生（Lord Tennyson），皆尋求到了攝影方面，以及詩創作的「美」（Beauty）。泰瑞在十六歲的時候，便嫁給了當時著名的畫家華茲（G. F. Watts）。夫婦兩人的年齡，差距極大。而且，泰瑞又在婚後，暫時放棄了她的劇場表演事業，為的是開始成為華茲的模特兒。

《淡海》這一齣喜劇，描述泰瑞，正如同那劇場之中的女英雄，揭示了維多利亞時代，對於「美」的定義。更進一步的，對於什麼是「美」，而有所評判。華茲、卡麥蓉以及但尼生的世界，使得泰瑞遭到埋沒。身處在這些人其中，她具有實力的演技，就不再受到注意。而她只是一名模特兒，供藝術家們擺佈。華茲最愛的畫作之一，名為《選擇》（*Choosing*），正好繪畫出，泰瑞為人妻，那順服與被動的態度。

當泰瑞與華茲的婚姻，最後終於宣告結束，泰瑞又再一次獲得新的機會，進一步的，從劇場之中，又重新的找到自己的出路。因為，如此一來，她的戲劇天分與熱情，又得以進一步的發揮。婚姻生活，使她的劇場生涯，一片空白，只為了成就「其他人」的藝術。在劇場之中，她重新的找回自己，使得她的天才得以發揮。她演出的莎翁名劇，使它們更為不朽，其中的角色更加令人讚嘆：馬克白夫人（Lady Macbath）、歐菲莉雅（Ophilia）、戴斯特蒙娜（Desdemona）……等等。她獨特的角色詮釋方式，使她不再只是那相機以及畫架之前的模特兒。她真正活靈活現的演出了她自己。

泰瑞的藝術天才，使得吳爾芙驚艷。從多重不同視角來看，我們也能夠得知，泰瑞就好像是個作家一般，具有出眾的文采（看她寫給伯納蕭的書信之中，即可得知）。泰瑞，更是個出色的演員，有著不同的心情、演出不同的角色。這些眾多的角色之中，有一些甚至在個性上，乃是互相衝突的。然而，在泰瑞獨特的角色詮釋之下，她們竟然也都恰如其分的存在著。

從吳爾芙的喜劇《淡海》之中，我們也可以得知，結婚之後的泰瑞，成了那被動的「家中天使」（The Angel in the House），也印證了在維多利亞傳統之中，女性的家庭生活，以及那不具有創造力的傳統角色。恢復單身之後的泰瑞，才又表現出自我，以及她作為一位出色女演員的創造力。再一次，也如同吳爾芙在《一個人的房間》（*A Room of One's Own*）之中所期盼的，小說人物「莎士比亞的姊妹」（Shakespeare's sister）也能夠展露出女性們的創造力。

相片與回憶

吳爾芙在她的寫作之中，經常透過「凝視」，來表現出一種有如攝影一般的技巧。我認為，以此作為開端，吳爾芙便能夠進一步的，連結回憶，失落，以及慾望，肯定「母親」成為她的寫作之中，那想像力的源頭。

羅蘭・巴特，在他的小書《描相器》（*Camera Lucida*）之中，定義「攝影」為那「失落的時間」，並且與回憶、死亡以及缺席有關。照片本身，使得觀者與照片之中被看的人、事、物，關係斷裂。正是因為照片本身，它指涉著時間的斷裂。因為，照片裏的那一個時空，很顯然的脫離了人、事、物原來的時空。

更重要的是，透過物體的「此曾在」（there-has-been），照片裏的那一個時空，也更加的不同於，那觀者的時空之中。但是，透過觀看的眼神，那「此曾在」人、事、物，它又死而復生。照片所指涉的，並不只是物體的「此曾在」，而是物體在觀者的意識之中，那固定與熟悉已知的影像。

相片指涉時間的斷裂，記錄了那已經「不在此」的物體。一旦被相機拍攝入了相片之中，物體就已經在那一個瞬間，從它原來所處在的時空所分割。物體絕對是「曾經」存在觀者所見的相片之中，然而，它實際上卻又不存在於觀者的「現在」。

家庭相本尤其是如此。它記錄了生命，在某一個時刻，所呈現出來的影像，透過相機的協助，而掙脫未來時間的束縛。「時間」，也進一步的，被保留在那相紙之中。相片承載著所見的人、事、物的「過去」，將之帶到觀者眼前的「現在」。

物體和它自身的影像，對巴特而言，非關孰真孰假。換句話說，所謂的「真實」，並非觀者能夠認出相片中的那一個人，正是「他」。而是，相片中的那一個「他」，正是觸動了觀者內心那強烈的情感。這正是相片的本質。這樣的一種特殊的情感，正好是加強了「所知」（the studium）與「刺點」（the punctum）的關係。羅蘭・巴特，使用威爾森（G. W. Wilson）的照片，《維多利亞女王》（*Queen Victoria, 1863*），來解釋

「所知」與「刺點」的關係。

維多利亞女王，乃是「眾所周知」。因為，她的文化以及歷史背景，那所代表的一切，眾所皆知——包括她的長相、舉手投足等等。但是，那「刺點」始終惹眼，就如同一個極為敏感的點，使得觀者可以隱約的感受到，那「所知」以外的東西。那位穿著蘇格蘭裙的男人，維多利亞女王的馬伕，在相片之中，顯露出了維多利亞時代的本質——情慾。

相片令觀者們，困在真實的物體與物體的影像之間。相片它是個奇怪的媒介，藉由「已知」和「刺點」，帶給觀者情緒上的緊張以及滿足。又例如，費里尼（Fellini）電影《卡沙諾瓦》（*Casanova*）之中，那跳著芭蕾木偶娃娃的臉，竟然是如此的天真無邪，令人頓時感覺到一股衝動。

又如同，在小說《達洛維夫人》（*Mrs. Dalloway*）的末尾，吳爾芙也安排了小說之中人物，彼德（Peter），當他在小說的結尾，看到克蕾莉莎的時候，竟然也有著，那類似巴特所描寫的衝動。

彼德，看著在派對中，克蕾莉莎的臉。克蕾莉莎她正在場，也曾經在彼德的年少歲月之中。就如巴特《冬園》（*Winter Gardens*）相片之中的母親，是巴特凝視著的死亡（death）。在巴特凝視那一刻起，超脫了那一種似曾相似的感覺。

巴特的母親，她的臉，成為了一種歷久不衰的印記，更加象徵著一種精神上的存在。那《冬園》相片之中，那位小女孩，正是他的母親，那個他天天看著的母親。正如同，那記憶之中的克蕾莉莎，正是彼德曾經愛過，也將會永遠愛著的。

班雅明（Walter Benjamin）對阿特傑（Eugène Atget）攝影作品的討論，尤其也對閱讀吳爾芙的作品有所幫助。我的這樣的一個觀點，是想要再一次的，與歐洲的前衛藝術，尤其是超現實主義（Surrealism）來進一步的搭上線。班雅明在阿特傑的攝影作品之中，讀到了一種空無的感覺。對我而言，這樣的一個空無感覺，似乎是想要由攝影作品的「刺點」，而來進一步的引出那肉眼所不可見的感覺。

在寫作之中，吳爾芙運用男性權威者的相片，來進一步的佐證她的觀點。這些可見的男性權威者的相片，可以被視為是一種巴特式的「刺點」，也進一步的來引出那些不可見的照片——在西班牙內戰之中，無數婦女與小孩的屍體。

在〈機械年代之中的藝術品〉（'The Work of Art in the Age of Mechanical Reproduction'）這一篇文章之中，班雅明說明了更進一步的說明了，法西斯主義的政治美學。法西斯主義者利用文字以及照片宣傳，來將藝術政治化，藉以達到政治宣傳的效果。

與之成為對比的，吳爾芙的《三枚金幣》（*Three Guineas*, 1938），試圖運用男性威權者的照片，來達到一種「反」宣傳效果。她刻意不放那些死亡婦女以及小孩的照片，而改放「將軍」、「法官」等等的照片，來進一步的說明，誰才是戰爭的始作俑者，以及戰爭所帶來的「恐怖」。

吳爾芙所身處的年代，也正是女權運動剛剛要起步的時候。吳爾芙的《三枚金幣》之中也提到，「男性們，可以在大學的殿堂之中，作為教授、職員，或者是學生。在學校以外的，其他的各行各業之中，男性們也是可以成為醫生，或者是生意人。男性們的一切，都顯得那麼樣的理所當然。

不論是祖父們、曾祖父們、亦或是那父親們、以及舅舅們，個個全都是一個樣子。那裏，一個穿著法官服，戴上假髮。這裏，一個主教，那裏又是一個教授」。男性們穩固的權力系統，並沒有能夠阻止得了戰爭。那權力系統，反而成了其「幫凶」。婦女以及小孩們，則是成了無辜的受害者。

吳爾芙的喪母之痛，令她反省了維多利亞時代，所謂的「家中天使」。女性們的傳統角色，一直是帶給人們，一種體貼、以及溫柔的感覺。但是，這樣的一個「家中天使」角色，迫使著吳爾芙在她的寫作事業，與傳統女性角色之間，來做選擇。在寫作之中，我們看到了，吳爾芙對她的母親茱莉亞・傑克森（Julia Jackson）的描述。同時，也更加能夠得知，她如何的在她的幼年時期，來受到來自母親這一方的強烈影響。

在〈對過去的描繪〉（'The Sketch of the Past'）這一篇文章之中，讀者們也更能夠感受到，吳爾芙對母親的記憶以及那感受，極為深刻。在一九三九年，五月十五日的某一刻，她母親四十四年前的逝世紀念日，又令吳爾芙想起了過去。她對母親的記憶，就如同那一張一張的照片，不斷的交織出那黑與白的形式（black and white）。內心的記憶，如同那些肉眼「看不見的光」，在吳爾芙的心頭，閃過那一幅一幅的快照，代表了生命之中，那靈性之中有所體悟的時刻。

透過回憶，吳爾芙省視了自己的內心，以及記憶之中的過去，那喪失母親的一刻。那記憶之中的過去，是由不同的色彩以及形狀所組成。記憶之中，印象最深刻的，乃是那幼兒時期的家中，書房的書桌底下。在那兒，是一片黑色的。自然而然的，成為了吳爾芙以及她的姊姊凡妮莎兩個人，玩起捉迷藏的好地點。那一片黑色的書桌底下，就像母親黑暗的子宮，也帶給了吳爾芙無限的想像。

為了保留那視覺物體的影像，相片竟然也間接的創造了死亡。觀者們所見到的，乃是視覺物體的「過去」。這樣的一種感覺，正如同吳爾芙看著相片之中，母親容顏的真、善、與美。母親在門前的臺階上繡花，孩子們在空地上玩球。

這般記憶之中鮮明的影像，乃是被吳爾芙用在《燈塔行》（*To the Lighthouse*）這一部小說之中。小說之中還包括了有其他的影像。比方說，吳爾芙的母親，在書桌上寫字，桌上的銀製燭臺，椅子上的粉紅色椅墊，還有那墨水臺。

這些記憶中的影像，也被吳爾芙用在《浪花》（*The Waves*）之中，以及《一個人的房間》（*The Room of One's Own*）。朱莉雅‧傑克森，吳爾芙的母親，也擁有寫作以及藝術的天分，簡單而直接的影響了吳爾芙的童年。在華茲（G. F. Watts）的素描，《朱莉雅・傑克森》（*Julia Jackson*）之中，從小女孩朱莉雅・傑克森的眼中，我們可以見到靈性的真實。小女孩，後來長大了，成為吳爾芙的母親，正如女人中的女人，凡世中的瑪麗亞。

〈Ⅵ〉孔子、魯米、老子與吳爾芙的人文思考：與歐茲達瑪的對話

第一次與伊伯拉罕・歐茲達瑪（Professor İbrahim Özdemir）教授會面，乃是在二〇一〇年的三月八日，婦女節。兩年前的當天，在外子Dr. Ali Tolga Bozdana的開車陪同之下，來到了Gazikent University在市中心的辦公室。

當天，我的母親也竟然打越洋電話給我。她在臺灣看到了電視新聞，報導說是有強烈的地震，發生在土耳其，一個靠近我居住的城市，令她非常擔心。

歐茲達瑪教授是現任Gazikent University的校長。他同時也是一位倍受敬重的學者，著作等身。主要的方向，則以哲學思想方面的研究為主。校長一見到了我們，馬上非常親切的招呼我們。

更加令我印象深刻的是，校長在與我握手的時候，馬上說的是「婦女節快樂」（Happy Women's Day），令人真的感受到倍受尊重，而不是充滿了緊張與壓力。

歐茲達瑪教授也曾經去過臺灣，參加了研討會。他本身對於臺北的世界宗教博物館（Taipei World Museum of Religion），有著相當的印象以及好感。

那天的談話，主要的重點是，給予我們大家一個認識，以及了解彼此的好機會。就在談話慢慢接近了尾聲之時，歐茲達瑪教授拿出了他的著作，土耳其文版的《魯米和孔子：給新世紀的備忘錄》（*Mevlana ve Konfçy s: Yeni Bir Y zyla Mesajlar*），並在首頁上面題字，送給我們作紀念。

校長同時也承諾，當他手邊如果正好有英文版的時候，會再送給我們一本。果然，在同一年的六月十六日，歐茲達瑪教授又非常大方的，將其著作的英文版《*Jaluluddin Rum and Confucious: Messages for a New Century*》送給了我們。

今年以西元計年剛好是第二〇一二年。在我撰寫這一篇文章的這個時刻，竟然也不知不覺的，在無意之間發現，我也即將踏入，這海海人生之中的第三十七個年頭。在Gaziantep的春天裏，白天與夜晚，日夜溫差極大。太陽大概在清晨五點左右，便開始綻放光芒。然而，室內與室外，也有著相當大的落差。在室內，尤其那太陽並不會直接照到的房間角落，依然有點冷。

昨天，上到頂樓的Tea Salon，倒熱水喝茶的時候，看到了黃色、紫色，以及粉紅色的小花開在嫩綠的枝枒上。春天真的來了。我記得，孔老夫子曾經說過，所謂的「三十而立，四十而不惑，五十而知天命，六十而耳順」，而人活到了七十歲，在最理想的狀態，則是能夠「從心所欲而不逾矩」。

我雖然不能確切的記得，這句典故出自於《論語》的那一個篇章。因為，我畢盡不是那專攻《論語》的學者。但是，自從幼年時期，一路上走來，所接受到的教育以及文化薰陶，自然是沒有白費。

孔老夫子，他的本名是為孔丘。他的生日，據說是九月二十八日。因此，我們為了紀念他，還特地將他的生日，訂定為教師節。後人也能夠因此來紀念他，這一位「至聖先師」。

孔老夫子，雖然被後人追封為聖人，但是，事實上，他卻是一個十足的人道主義者。在他許許多多的教誨當中，其中有一句言道，「未知生，焉知死」。在他的教誨當中，那「不語怪、力、亂、神」的態度，著實是將關懷的重點放在「人」「生」之上。

進一步而言，教育的目的，則是要讓人明白，自身所處，那群居社會的「倫理」。個人既然不是孤獨的生存在孤島之上，更非野蠻的禽獸。如此一來，如何謀求自己，以及團體的福利，使得這個社會更加適合人居，才是更重要的。

前些日子，我與同事Kelly，剛好正在互相交換教學，以及作研究的心得。無意之間，我發現她的書架上，有著一本老子《道德經》的英譯本，非常有趣。一經詢問之下，也才得知，那是她在美國的阿肯色大學攻讀學士學位時期，修習了一門名為「宗教學」的課程。而那一本《道德經》的英譯本，正是那指定閱讀的教材之一。

有趣的是，為什麼老子的《道德經》，竟然在某一些人的眼中，是一門「宗教學」？正如同，歐茲達瑪教授，在他的著作當中，也更加試著，將魯米與孔子放在一起談論。歐茲達瑪教授，他書中所謂的「新世紀的信息」，到底是宗教，是哲學，還是人道主義者的精神？

當然，作為一種哲學來閱讀，老子的思想，自然也是啟發了我們，人要如何來安身立命。是不是，因為老子主張「無為而治」，所以給人一種佛家所謂的，一種類似空靈的感覺？當然，「治理」這個概念本身，便已經顯現了一種本來就普遍存在於人性之中的欲望（desire）。春秋戰國時代的百家爭鳴，教戰守則，自然而然的，乃是要試圖為這個「治理」的欲望，來找到一個最佳的辦法。而在這些百家爭鳴的方法論之中，關於人性究竟是本善，以及人性或許是本惡的問題，也都不用分說的，成了欲望本身的出發點。

在歐茲達瑪教授的著作當中，他率先嘗試了，將魯米與孔子的學說拿來作比較。很顯然的，他一定是認為，魯米以及孔子，這兩位智者的生平、興趣和學說主張，有著許許多多的共通的地方。比方說，在歐茲達瑪教授的著作，其目錄當中，讀者們也能夠進一步的發現，歐茲達瑪教授談論魯米以及孔子，其中共同的標題，乃是為——生平（life），家庭生活（family），以及音樂（music）。

由這三個主要的大標題，我們也更能夠發現到，從智者的生平，以及他們對於音樂，以及家庭生活的主張，歐茲達瑪教授，似乎也暗示了，某一些解決二十一世紀社會問題的辦法。行文至此，我的腦海之中，突然又再一次的浮現出，最近在我所居住的Gaziantep，發生的一件重大的社會新聞。

一名十七歲的男性青少年，在夜晚蒙面遣入了醫院，持刀將一名三十二歲的醫生，刺殺身亡。男性青少年的祖父，因為癌症而過世。但是，對於這一名男性青少年而言，祖父的過世，乃是由於醫生的治療方式不當——亦或是，對病患疏於照顧。在持刀殺人的瘋狂之下，殊不知，那一名年輕醫生的妻子，正懷著身孕。小小嬰兒還尚未出世，就已經處在一個沒有了父親的狀態。

道德觀念的偏差以及淪喪，使得社會不得安寧。讓我們來看看，孔老夫子所身處的社會，或許也還可以從中來得到一些珍貴的體悟。孔老夫子，出生在春秋時代的魯國。按照現在的地理概念而言，孔子的出生地，乃是位在山東的曲阜。

孔子所出生的家庭，跟當時一般的普羅大眾，並沒有什麼不同。他並不是來自上層的富裕階級。孔子出生之後不久，便喪失了雙親，變成了孤兒。因此，年紀輕輕的他，許多生活之中的大大小小事務，也都得靠著自己來。也是他所謂的，「吾少也賤，故能多鄙事」。

自文獻記載當中，我們幾乎可以說，孔丘（乃是孔子的本名），他可以算說是，從來沒有受過正規的學校教育。大部分的時候，他都是自我教育（self-educated）。經年累月之後，他竟然也功德有成，被大家認為是最偉大的，「至聖先師」。

在孔子的少年時期，他也曾經苦過，他也曾經窮過。但是，在他的觀念裏，貧窮但是卻快樂，總是比起富有，但是卻充滿煩惱，還是要強得太多。後來，孔子也開始周遊列國，推行他的教育理念以及治國理念。眾多的學生們，不但是跟隨著他，也更加陪伴著他。他其實也有在盼望，各國的君國們，也都能夠來重用他。但是，正好相反的，國君們都不怎麼搭理他。反倒是，他們都一致的，視孔子為危險分子。

孔子一開始，覺得非常沮喪。但是，他最終還是回到了魯國，開始以教學為志業。在其中，他希望能夠訓練新的、以及年輕的領導者，來改變社會的現狀。音樂教育，對於孔子而言，乃是相當的重要。他覺得，美妙的音樂，是能夠陶冶身心，令人寵辱皆忘。

教育（education），以及學習（study），對於孔子而言，乃是同等的重要。比方說，學習之道，可以是模仿一位可敬的老師，來學習他的言行舉止。正確的學習態度，乃應該是積極，而且是向上的。

道德（morality）這一個項目，對於孔子而言，乃是一個極為重要的指南。在這裏，所謂「道德」的最終極意義，乃是要「愛人如己」。還有，更加重要的是，一個人，要愛著他人的父母親，宛如愛著自己的父母親。

在這裏，我覺得，孔子的思想之中，那種重要的倫理概念，乃是一種「小我」對於他人以及生命，極為敬重的「大愛」。對於魯米（Rumi）而言，「愛」（love），乃是一種多面向的力量（a dynamic force）。它，更是一個極為重要的能量，散布在精神層次以及物種層次之間。「愛」，可以為這個宇宙，以及整個的人文社會，帶來了一種肉眼所看不見的改變。因為，有了「愛」，人們竟然可以更加容易的，由「人性」來趨向「神性」。

「愛」，乃是一種極為正面的能量。它能夠為宇宙之間的萬事以及萬物，帶來了許許多多的互動以及連結。如此一來，世界上的所有人、事、物，也都是可以息息相通，相互感應的。魯米也再一次的提醒著我們，既然，「愛」可以撼動著我們的感官，它也更加可以增強我們的直覺，也使我們能夠洞燭機先。

魯米也強調說，「愛」，是比起智識來，顯得更加的重要。尤其是在日常生活當中，「愛」，更是能夠化解爭端為喜樂，摒除掉一切私慾，或者是那一些太過於自我中心的想法。「愛」，更是可以明智，讓我們的心靈上更加的開通。「愛」，也更是能夠使得人們各種各樣的信仰之上，變得更加的堅定，也使得人們的生活，可以更加的有美德。

這一首魯米所寫的短詩，更加彰顯了他對於「愛」的定義：

My Mother is Love
My Father is Love
My Prophet is Love
My God is Love
I am a child of Love
I have come only to speak of Love

在此可以中文理解為：

我的母親是愛
我的父親是愛

我的預言宗師是愛
我的神是愛
我乃是愛之子
我的降生是為了要談論愛

經由這一首，魯米的「愛」的短詩，其實，我們也可以發現，它是顯現了自然界以及宇宙之間，一種深沉的，一種相互因果，也同時是相輔相成的關係。「愛」，更是能夠促使個人，乃至是整個群體的意識，進一步的邁向神性的光輝。

「愛」，就好像，我們如果處在一種戀愛的感覺之中，這個世界，似乎也顯得更加甜蜜得多，也更加美麗得多。那正是因為，當我們戀愛的時候，我們似乎更加的有包容性，也更加能夠愛烏及屋，推己及人。

「愛」的力量，其實乃是非常偉大的。這一份「愛」的力量，看起來雖然有一點抽象。但是，它卻能夠令一個人變得仁慈，變得剛強，變得勇敢，也變得有創意。一個人所信奉的守則，因為「愛」，也必定能夠加以實踐在日常生活當中。

因為「愛」，以及有目的的自我實踐，更加能夠進一步的，來改善自我以及社群的關係。人與人之間的相處，更是能夠藉由「愛」，而帶來正面的能量。「愛」這個概念以及行動，也進而能夠在一連串的實踐之下，成為一門藝術（the art of loving）。

「愛」，這一門「藝術」，可以跨越各種社群之間的障礙，促使種族、家庭，或是學校之間，進一步的來融合人們各式各樣的生活經驗。「愛」，也可以是一種「態度」（the attitude of loving）。因為有「愛」，這一種積極而且正面的態度，更能夠使得人們心眼大開，更加能夠來以內在（inwardness）的喜悅以及創造力，來面對外在的世界與環境。

只要人們的心中，不斷的有著愛以及和諧，就能夠慢慢的來影響這個大環境。今天，剛好是五一勞動節。這一天，在臺灣，並不是一個國定假日。但是，在土耳其，卻是舉國上下，放假一天。當然，這比起中國大陸的十天假期，自然也是聊勝於無。

昨天，又和Kelly聊到了土耳其那些工廠工人們的處境。Kelly的丈夫，管理著一家肥皂工廠的一批工人。他們每一個禮拜，工作六天。賺著那微薄的薪水，也只是能夠求得三餐溫飽。更是不用提那，所謂個人精神生活的充實，或者是日常家庭生活的品質。我不禁要懷疑，到底是人在過生活，還是生活在過人？

馬克思（Karl Marx），將工人們的處境，寫成了《資本論》。因為貨物的「交換價值」（exchange value），使得原本是一塊錢的東西，轉手之間，賣到了十塊錢。但是，可悲的是，這其中九塊錢的利潤，並沒有回饋到工人們的手中，也就是，那些原本製造物品的人們的手中。

工作時間過長，不管是因為自願，或者是情勢使然，都會使得人們與家庭、家人之間的相處時間變短、變少。家庭的概念，自孔子的思想上面來解讀，自然是有著一種「承先啟後」的作用。然而，這一股「承先啟後」的力量，它事實上，乃是靠著道德（moral）的力量來維持。

在這一個道德的力量驅使之下，個人會變得非常有責任感。而這樣的一股力量，也會使得人們的下一代，有機會來變得更好。

然而，就另外一個角度而言，孔子的所謂一個有倫理的社會，也同樣或多或少的，是一個有尊卑（a hierarchical social system）的社會。對於尊長、師長以及老者的敬重，自然算是一個非常重要的課題。如此的概念，也可以算是，由自然界萬物的生生不息，以及其所創造出來的和諧、秩序與平衡，可以看得出來。

老子所謂的「道」（Dao），也恰好能夠替這個自然界的秩序與平衡，來提出一個合理的解釋。簡單的來說，自然界的萬事萬物，自有著一個相生相息之道。那弱勢的一環，是可以慢慢的，發展成那剛強的力量。同樣的，在一個「改變」當中的「循環」，那剛強的力量，也可以與那柔弱的，互有消長。

每當一股勢力，不管是那極強的，或者是那極弱的，到達它的頂峰之時，它必然會向它的反方向成長——也就是那所謂的「物極必反」，成為一個「永不止息的循環」（an endless cycle of development and decline）。

如此一來，生命便像是一首歌。它的旋律，有時低沉，有時卻激昂。孔子對於音樂，更是相當的重視。他本身也能夠譜曲、寫歌以及彈奏樂器，更加稱得上是一位音樂家。

除了音樂的重要性之外，孔子也更進一步的，告誡他所有的子弟們，有關詩書的重要。因為，如果一個人不讀詩書，胸無點墨，那麼，更加不會有人想要與那個人親近，或是談天。由於他肚子裏面沒有東西，又加上腦袋空空，與別人聊天，自然也是缺乏話題。

這一陣子，土耳其人社以及科學院（Fen-Edebiyat Fakültesi, Faculty of Science and Literature）的大學生們，正在搞一股所謂的「學潮」。原因是在於，土國的教育部，把所謂的「教育學程」，單單只是歸納於教育學院（Faculty of Education）之中。不僅僅是如此而已。這個只是歸納於教育學院之下的小小「教育學程」，還不准非教育學院的大學生們來修習。而這「教育學程」，乃是目前學生們大學畢業之後，能夠當上中學老師的唯一辦法。

沒有了修習「教育學程」的權利，想當然爾，作為中學老師的夢想，也立即宣布告吹。當然，學生們，有的是權利，來對於不公平的事情，進行抗爭。但是，受教育，在我看來，更加是學生們該盡的義務，就像警察們辦案，或者是像軍人們，有著保家衛國的職責一樣。在學生們進行抗爭的期間，他們都自動的不來上課。期末考以及畢業考，更是迫在眼前。

「就算是拿到了學位，又怎麼樣？反正我又當不成中學老師」。我知道，他們大部分的人，都是這樣想的。但是今天，就算他們全部都拿到了大學的學位，也都修習了「教育學程」，難道就都能保證，他們將來，也都會是好的中學老師嗎？大學教育的目的，難道就只是像那職業訓練所嗎？

人格的再度養成，追求更高的智識，以及學術自由，課外活動等等，都是大學生們能夠努力追求的目標，以及享有的權利。四年來的訓練，學生們是可以變得更有想法，亦或是原地踏步，修行自然是全都看個人。因為同一位老師所講的話，每一位學生的領受力，各有不同。有的學生，有聽沒有懂。有的學生，根本就聽不進耳朵裏。但是有的學生，卻能夠將老師所講的話，加以學習理解，以及實踐。真的令我感動。

來到土耳其教學，以及作研究，轉眼之間，也已經兩年了。這兩年之中，個人感受最深的，還是「學術自由」這件事。「學術」這件事，乍看起來，好像是和一個人的日常生活，是分開來的。還有，「學術」這件事，對於學生，以及對於大學裏面，教書的老師，似乎也有著不太一樣的意義。

今天早上，出門準備到學校。一出門口，不經意的回頭，想確認大門是否已經關上了。但是，卻在無意之間，眼睛卻看到了，一朵朵粉紅色的玫瑰花，正悄悄的開放著。我的心裏突然一驚——難道，這一些花兒，都在一夜之中開了出來嗎？為什麼，我昨天經過的時候，卻是一點兒都沒有注意到呢？

大部分的大學生們，在家裏，有著家長們的要求以及期望。而在學校裏，又有著師長們對課業的要求。大部分的大學生們，正處於他們的青春年華。自然有著許許多多的課外活動，而不會把所有的心思都放在課堂上。

當然，在這樣的情況之下，我們便必須讓學生們明白，如果學期成績不盡理想，便要檢討自己的念書方法，以及時間分配，是否出現了問題。如此一來，也才能夠坦坦當當的，面對人生之中所有可能面臨到的失敗。畢竟，知道如何面對失敗，乃是更加可貴的。

大學裏面的老師，當然也不全部都是聖人。只關心學術，內心邪惡，而不管他人死活，類似Dr. Faust之流的，也大有人在。大部分的老師，也都是盡量，家庭生活以及學校生活兼顧。然而，家庭生活以及研究生活的兼顧，尤其在有了小孩之後，又談何容易？

無論是任何一種教法，或者是任何一種系統，都不是最完美的。正如同造物者，把不完美的我們，通通放到了這個世界上。又給了我們數多種不同的語言，使得不完美的我們，能夠互相欣賞，互相學習，亦或是，互相誤會。如果一味的在乎體制，而其中沒有半點的彈性。到了最後，人們便會失去創造力，更可怕的是，會不知道自由為何物。

老師們作研究，如果只是一味功利的想要升等，則未免太過狹隘。無論是教學，亦或是作研究，如果老師們並沒有從中發現樂趣，便也是無法帶領學生，找到追求學問的樂趣。一般土耳其的民眾，並不怎麼有閱讀的習慣。如此的雙親，自然是無法了解，自己所處的文化的重要性。他們也都把教育的責任，推給了學校老師。而受教育的目的，就只是要找份差事，求得溫飽。而並非智識的發展，亦或是個人靈性的追求。

孔子，亦或是魯米的學說，即使不是最好的，卻也是非常具有原創性的。正如同佛洛伊德（Sigmund Freud）的學說一樣。如果沒有了他，所謂的「女性主義者」（Feminists），反倒也少去了許多發展的空間。

吳爾芙，身為一個女性作家，她當然是關心有關婦女的問題。但是，如果有人稱吳爾芙為「女性主義者」，那也未免太沉重。我想，吳爾芙她自己，必定也不會喜歡被貼上標籤吧。

土耳其的國家電視臺，TRT（Turkish Radio and Television），在大約兩個禮拜以前，電視節目Love Compass來到Gaziantep訪問我和外子。一整組團隊，包括了司機、兩名專業的攝影師、一名節目製作人，以及主播兼訪問人，一共五位。

透過University of Gaziantep校長秘書室的介紹，Love Compass電視節目找到了我們。還好，那一週乃是期中考週，對於整體教學的進度，並沒有太大的影響。倒是，大學裏的景緻，以及我在學校辦公室的工作情形，都一起入了鏡。

隔天，在Gaziantep著名的傳統手工藝博物館，開始了正式的訪談。博物館之中的「客廳」裏，有著傳統而復古的擺設，還有著明亮的水晶燈。水晶燈的燈光，與錄影的時候所需要的大燈，交織成為一片閃亮的景緻。

錄影的全程，用的都是土耳其文。對我來說，更是一個全新的體驗。由於我不喜歡死板的照念或者是背稿，所以，攝影小組決定，自然的錄下來，節目訪問人、我以及外子的對話。訪問人在簡單的開場白之後，所問我們的第一個問題是：「什麼是愛？」

「什麼是愛？」這真的是一個困難的問題。對我而言，「愛」能夠帶來輕鬆愉快的感覺。「愛」，同時也可以引發各種不同的情緒——就像是焦慮，以及痛苦。珍・奧斯汀（Jane Austen）的六本小說，每一部皆是以婚姻收場。當然，「結婚」這一個大圓滿結局，也擄獲了大多數讀者的心。

然而，小說之中的完美世界，也有意無意的，顯示出現實世界之中的不完美。珍・奧斯汀本人，她的一生當中，倒也是未曾結過婚。奧斯汀她所身處的環境，自然也算是一個道德嚴謹，倫理分明的社會。如果光只是有愛情，那也無法使婚姻的基礎穩固。

畢竟，一樁婚事，可以連結兩個人，可以改變兩個家族，亦或是兩個社會或是兩個國家的命運。但是，生命之中，真正的考驗，還是在婚姻之後。現實生活，以及周遭環境的變遷，也會直接，或者是間接的，慢慢改變兩個人對於彼此原有的觀感。至於這個改變，到底會帶來什麼樣的結果，其實是很難說的。

在現實生活之中的我們，也當然有著許許多多在個性上，以及人格上，或者是能力上的不完美。而這些個不完美，也會造成種種的爭端，或者是誤會。而這現實社會其中的複雜性，更是絕對不會亞於那小說裏面的世界。

今天早上，漫步在校園之中，正往我的辦公室的方向走。途中，正好經過一大片玫瑰花園。而其中，有幾朵粉紅色的玫瑰花，正是悄悄的開放著。在這一個時刻，我感覺自己好像身處在吳爾芙筆下的Kew Gardens，感覺自己似乎又回到了倫敦，與友人們一起遊走在這個可愛的皇家園林之中。

在〈女性小說家〉（'Women Novelists'）這一篇文章當中，我竟然發現，吳爾芙也試著來定義，什麼是她所謂的「婦人之仁」。如果在傳統的帝王，或者是男性為主導的社會，所謂的道德規範，通常也都是以男性的角度來制定以及說明的。在這樣的情況之下，女性所得要服從的教條，便有可能與她們的天性不符。

女性的道德感，自然是比較偏向「悲天憫人」的概念（sympathy）。「婦人之仁」，在某一些社會結構之下，還是帶有貶抑的意味。因為，女性總是讓人感覺，比較善於表達那波動的情緒。因此，「悲天憫人」也可以算是一個比較「陰柔」（feminine）的概念。

也就是說，不管是feminine，亦或是masculine，都只是用來區分「彼」、「此」的符號。這樣，並不是代表，男性（male sex）就一定是陽剛的，而那女性（female sex）也就一定是陰柔的。如果說，男性就應該屬於「陽剛的」，而女性，就應該屬於那陰柔的。照這樣子的區分看起來，就只能算是一個「致命的偏見」（fatal bias）。因為，在男性的心靈裏，也會有著那陰柔的一面。而同樣的，在女性的心靈裏，也可能有著那陽剛的氣質。

照這樣子的觀點看起來，我們也可以來推論，即使是男性作家的作品裏面，也都會有著某一種陰柔，以及纖細的筆觸。這一種感覺，就像是亨利・詹姆斯（Henry James）的文學筆觸，會讓有一些批評家認為，像是「雄性的伊蒂絲・瓦頓」（male Edith Wharton）一樣。

類似像這樣的問題，其實已經遠遠的超越了文學的範疇，而是屬於那社會結構以及歷史的更大範圍。問題的關鍵點在於，每一個不同的時代，都有著它們特殊的文學現象，以及其不同的文風。就拿英國十八世紀的女性小說家們來說吧。難道說，她們都在一夜之間，就都忽然決定了，要一起來改變人們對於女性的既有觀念以及看法？為什麼，這樣子的一個改變，不會發生在伊莉莎白時代的英國呢？

如此一來，讀者們也就能夠了解到，這一些女性作家們的作品之中，一定有著別的時代之中，所沒有的特性。女性作家們，也都必須不定時的，來扮演「家中天使」（Angels in the House）。就像珍・奧斯汀本人，在寫作工程進行到一半的時候，也會經常的需要到廚房去，來幫忙削馬鈴薯皮。

女性們「寫小說」這件事，是絕對值得被尊重的。小說裏的世界，也算是一個私密的世界。在其中，他們能夠來暢言為快，而不必顧忌他們的父兄們，是否都在場。

這樣的一種「顧忌」，其實也顯現出了，一種對於女性的壓抑。一般的讀者大眾們，似乎也期盼看到的是，一種女性所應該服從的道德（moral purity）。但是，恰好相反的，女性作家們，似乎藉由寫作，而重新找到了她們的自由。即使是，她們必須運用筆名來出版她們的作品。那些筆名，看起來，還必須是屬於男性的名字，例如喬治・艾略特（George Eliot）。因為，一般的讀者大眾，並不會期望，這些看起來「道德不潔」的小說，竟然會是出自於一個女性之手。

對於「性別」的偏見，也會讓人誤以為，女性作家們的寫作風格，也是向男性作家來學習的。但是，吳爾芙卻認為，女性作家們的寫作之中，展現了更多的直覺（instinct）。

土耳其這一個國家，由於地理環境的特殊，「橫」跨了歐洲以及亞洲大陸，在歷史上，以及文化的概念上，自然也是難免又連結了「東方」以及「西方」。其實，有一些土耳其人，老是愛來區分，誰是來自東方，或者是，誰又是來自西方。誰又是所謂的「外國人」，誰又是所謂的「土耳其人」。

其實，真正的土耳其人，反而才是處於那灰色地帶。多元文化，歷經了世世代代的演變，不僅僅是顯示在人們的相貌之上（就好比說，有的人看起來，就像是那日本人。還有的人看起來，就像是那義大利人），也更加顯示在語言之上（就好比說，土耳其語之中的「肥皂」的發音，是來自阿拉伯文，也恰好與臺語——近似古漢語的「肥皂」的發音相同）。其他，例如飲食以及衣著方面的多元文化，更是多得不勝枚舉。

不管是「東方」，或者是「西方」的區別，亦或是「外國」或者是「本國」，乃至「男人」或者是「女人」，其實這樣子的一種區分，都只是意識形態的展現而已。一個進步的社會，亦或是族群，必然是要「異中求同」，擁有一套價值觀的標準。但是，也必須要尊重彼此的差異性，「同中求異」，才不致於流於法西斯主義的窠臼。

在這樣的一個多元化的時代，我們身為師長，以及身為父母的，除了能夠來教導下一代，基本的生活技能以外，還得要教導下一代，如何來尊重自己，以及尊重他人。畢竟，每一個人，都不是一座孤島。即使是魯賓遜（Robinson Crusoe），也是需要學習，如何在與荒島上這樣的一個環境來自處。魯賓遜也更是需要，那另外的一個人類——「星期五」（Friday），來與之相為伴。

能夠在二〇一二年的母親節前夕，將這一本書完成，也算得上是給遠在基隆父母親的一個特別的禮物。父母親對我，從幼年時期的栽培以及鼓勵，便是不曾間斷。透過中文來進行書寫，我的父母親，對我這些年來，所作的研究，以及身在異國，內心之中的所感所受，都會達到更深一層的了解，和感動。

文學視界12　PG0820

謎樣吳爾芙

作　　者 / 林孜郁
責任編輯 / 林泰宏
圖文排版 / 陳姿廷
封面設計 / 陳佩蓉

發 行 人 / 宋政坤
法律顧問 / 毛國樑　律師
印製出版 / 秀威資訊科技股份有限公司
114台北市內湖區瑞光路76巷65號1樓
電話：+886-2-2796-3638　傳真：+886-2-2796-1377
http://www.showwe.com.tw
劃撥帳號 / 19563868　戶名：秀威資訊科技股份有限公司
讀者服務信箱：service@showwe.com.tw
展售門市 / 國家書店（松江門市）
104台北市中山區松江路209號1樓
電話：+886-2-2518-0207　傳真：+886-2-2518-0778
網路訂購 / 秀威網路書店：http://www.bodbooks.com.tw
國家網路書店：http://www.govbooks.com.tw
圖書經銷 / 紅螞蟻圖書有限公司
114台北市內湖區舊宗路二段121巷28、32號4樓
電話：+886-2-2795-3656　傳真：+886-2-2795-4100

2012年11月BOD一版
定價：200元

國家圖書館出版品預行編目

謎樣吳爾芙 / 林孜郁著. -- 一版. -- 臺北市：秀威資訊科技, 2012. 11

面； 公分. -- (文學視界；PG0820)

BOD版

ISBN 978-986-326-001-1(平裝)

1. 吳爾芙(Woolf, Virginia, 1882-1941) 2. 傳記 3.學術思想 4.文藝評論

784.18 101018925

讀者回函卡

感謝您購買本書，為提升服務品質，請填妥以下資料，將讀者回函卡直接寄回或傳真本公司，收到您的寶貴意見後，我們會收藏記錄及檢討，謝謝！如您需要了解本公司最新出版書目、購書優惠或企劃活動，歡迎您上網查詢或下載相關資料：http:// www.showwe.com.tw

您購買的書名：＿＿＿＿＿＿＿＿＿＿＿＿＿＿＿＿＿＿

出生日期：＿＿＿＿年＿＿＿＿月＿＿＿＿日

學歷：□高中（含）以下　□大專　□研究所（含）以上

職業：□製造業　□金融業　□資訊業　□軍警　□傳播業　□自由業

□服務業　□公務員　□教職　□學生　□家管　□其它＿＿＿

購書地點：□網路書店　□實體書店　□書展　□郵購　□贈閱　□其他

您從何得知本書的消息？

□網路書店　□實體書店　□網路搜尋　□電子報　□書訊　□雜誌

□傳播媒體　□親友推薦　□網站推薦　□部落格　□其他＿＿＿＿＿

您對本書的評價：（請填代號　1.非常滿意　2.滿意　3.尚可　4.再改進）

封面設計＿＿　版面編排＿＿　內容＿＿　文／譯筆＿＿　價格＿＿

讀完書後您覺得：

□很有收穫　□有收穫　□收穫不多　□沒收穫

對我們的建議：＿＿＿＿＿＿＿＿＿＿＿＿＿＿＿＿＿＿

＿＿＿＿＿＿＿＿＿＿＿＿＿＿＿＿＿＿＿＿＿＿＿＿

＿＿＿＿＿＿＿＿＿＿＿＿＿＿＿＿＿＿＿＿＿＿＿＿

＿＿＿＿＿＿＿＿＿＿＿＿＿＿＿＿＿＿＿＿＿＿＿＿

請貼
郵票

11466
台北市內湖區瑞光路 76 巷 65 號 1 樓
秀威資訊科技股份有限公司 收
BOD 數位出版事業部

（請沿線對折寄回，謝謝！）

姓　　名：＿＿＿＿＿＿＿＿　年齡：＿＿＿＿　性別：□女　□男

郵遞區號：□□□□□

地　　址：＿＿＿＿＿＿＿＿＿＿＿＿＿＿＿＿＿＿

聯絡電話：(日) ＿＿＿＿＿＿＿＿　(夜) ＿＿＿＿＿＿＿＿

E-mail：＿＿＿＿＿＿＿＿＿＿＿＿＿＿＿＿＿＿